ANÁLISE FUNDAMENTALISTA

JOSÉ KOBORI

ANÁLISE FUNDAMENTALISTA

Como OBTER uma performance SUPERIOR
e CONSISTENTE no MERCADO DE AÇÕES

ALTA BOOKS
EDITORA
Rio de Janeiro, 2019

Análise Fundamentalista: Como obter uma performance superior e consistente no mercado de ações

Impresso no Brasil — 2ª Edição — Edição revisada conforme o Acordo Ortográfico da Língua Portuguesa de 2009.

Publique seu livro com a Alta Books. Para mais informações envie um e-mail para autoria@altabooks.com.br

Obra disponível para venda corporativa e/ou personalizada. Para mais informações, fale com projetos@altabooks.com.br

Produção Editorial
Editora Alta Books

Gerência Editorial
Anderson Vieira

Produtora Editorial
Juliana de Oliveira

Marketing Editorial
marketing@altabooks.com.br

Editor de Aquisição
José Rugeri
j.rugeri@altabooks.com.br

Vendas Atacado e Varejo
Daniele Fonseca
Viviane Paiva
comercial@altabooks.com.br

Ouvidoria
ouvidoria@altabooks.com.br

Equipe Editorial
Adriano Barros
Bianca Teodoro
Ian Verçosa
Illysabelle Trajano
Kelry Oliveira
Keyciane Botelho
Maria de Lourdes Borges
Paulo Gomes
Thales Silva
Thauan Gomes
Thiê Alves

Revisão Gramatical
Fernanda Lutfi
Ana Gabriela

Diagramação
Lucia Quaresma

Capa / Layout
Bianca Teodoro

Dados Internacionais de Catalogação na Publicação (CIP) de acordo com ISBD

K75a Kobori, José

Análise fundamentalista / Jose Kobori. - Rio de Janeiro : Alta Books, 2018.
208 p. ; il. ; 17cm x 24cm.

Inclui índice e bibliografia.
ISBN: 978-85-508-0472-9

1. Administração de empresas. 2. Finanças. 3. Análise econômica. I. Título.

2019-193 CDD 658.4012
CDU 65.011.4

Elaborado por Odilio Hilario Moreira Junior - CRB-8/9949

Rua Viúva Cláudio, 291 — Bairro Industrial do Jacaré
CEP: 20.970-031 — Rio de Janeiro (RJ)
Tels.: (21) 3278-8069 / 3278-8419
www.altabooks.com.br — altabooks@altabooks.com.br
www.facebook.com/altabooks — www.instagram.com/altabooks

ALTA BOOKS EDITORA

ASSOCIADO CBL Câmara Brasileira do Livro

Aos meus pais, José Suêo Kobori e Nobuko Hashimoto Kobori, que infelizmente partiram muito cedo, mas permanecem sempre em meu coração como exemplo de ética e trabalho. Ambos deram amor, educação e formação para eu chegar até aqui.

Aos meus filhos, Bryan, Melissa, Kevin, Eddie e Igor, a razão de tudo.

À minha linda e amável esposa, Carla, pelo amor, carinho, companheirismo e apoio em todos os momentos, principalmente nos mais difíceis, em que a definição "meu porto seguro" revelou-se literalmente a expressão mais verdadeira. Foi pelo apoio e incentivo dela que a versão original deste livro foi possível.

Agradecimentos

Escrever este livro, desde a sua versão original, só foi possível graças ao apoio, à colaboração e à confiança das pessoas que ajudaram a torná-lo uma realidade e acreditaram no projeto quando era apenas uma ideia, especialmente a minha esposa, Carla, minha grande incentivadora. Sua confiança, desprendimento e paciência foram fundamentais para a concretização deste trabalho.

Também foi especial o apoio do meu amigo Gustavo Cerbasi, que me permitiu viabilizar o projeto.

Aos meus amigos Rodrigo Abdalla, que leu o livro em primeira mão e me ajudou com suas opiniões, e Aquiles Farias pela gentileza de suas considerações.

À senhora Rita Araújo pela revisão do texto.

Aos meus sócios em diversas empresas, Fernando Cymrot, Vinicius Dias, José Damico e Renato Ferraz.

Ao meu grande amigo Alexandre Cordeiro e sua esposa, Débora, pelo apoio de sempre.

Agradeço pela companhia do dia a dia ao amável casal de amigos Robério e Regina Negreiros, sempre uma inspiração de trabalho, dedicação e amor à família.

Aos meus alunos do Ibmec. Meus amigos professores e coordenadores.

Ao meu amigo e padrinho Flávio Augusto Peixoto Gomes e família.

Ao casal de padrinhos Rogério e Mara, amigos de sempre.

Ao casal de amigos Paulo Boscolo e Ana Cristina Galo Boscolo e família.

Ao meu amigo Alexandre Slhesarenko.

Aos meus amigos da Xerox do Brasil.

Agradeço a todos os meus investidores.

Agradeço a todos que, de alguma forma, fizeram parte de minha vida.

A todos aqueles que, de alguma forma, colaboraram para o êxito deste trabalho.

Prefácio

Qualquer investidor iniciante sabe que investir em ações requer bastante informação. Os investidores mais informados sabem também que mais importante do que ter a informação ou o acesso a ela é saber filtrá-la, analisá-la e digeri-la. Esse é o papel do analista: apresentar aos investidores conclusões obtidas a partir dos fatos, preferencialmente conclusões que ajudem a tomar boas decisões de investimento.

Dentre as grandes vertentes de análises praticadas pelo mercado, as duas maiores são a Análise Técnica, com suas técnicas objetivas e visuais de interpretação de tendências através de gráficos, e a Análise Fundamentalista, com seus amplos e menos frequentes relatórios sobre a gestão de empresas, sua saúde financeira, o potencial de resultados e projeção do valor das ações. Por ser mais simples de ser entendida, a Análise Técnica é dominada por um número maior de investidores. Porém, não vejo consistência em nenhuma estratégia que não envolva decisões baseadas nos dois tipos de análise. Antes de encontrar uma oportunidade através da Análise Técnica, é importante definir quais empresas pesquisar, papel que a Análise Fundamentalista cumpre muito bem.

Entretanto, quem começa a pesquisar sobre esse tipo de análise tende a desanimar diante da vastidão de conhecimentos e técnicas que a envolve. Não são apenas gráficos, mas também a contabilidade da empresa, sua estratégia financeira e comercial, seus concorrentes, a influência das variáveis macroeconômicas, a satisfação de seus clientes, o histórico de seus gestores... Enfim, não é exagero definir que o escopo da Análise Fundamentalista é infinito. Por isso, mais importante do que saber como fazer uma análise é interpretar análises feitas por especialistas e tirar suas próprias conclusões, isto é, montar sua própria análise.

Fiquei feliz ao saber das intenções do meu amigo José Kobori, founder da M&A – JK Capital, em produzir este livro, tanto por sua experiência em diversos bancos e fundos quanto pela oportunidade de oferecer aos leitores e investidores um tema sempre instigante e carente de bom conteúdo. Kobori ensina tudo de Análise Fundamentalista? Certamente não, pois isso tornaria o texto inviável, porém, ele ensina a pensar sobre as ferramentas básicas essenciais e a interpretar relatórios de especialistas, provocando o leitor a não se contentar com qualquer relatório em mãos. Estou certo de que, com o livro, o leitor será estimulado a se aprofundar mais nas informações, refinar suas pesquisas, decidir com base em referências mais consistentes. Afinal, uma boa escolha é a essência de um investimento rentável.

Gustavo Cerbasi
www.gustavocerbasi.com.br

Sumário

Introdução

Será que existe uma forma segura e rentável de investir em ações? Esta é a grande questão e, provavelmente, o motivo que o levou a comprar este livro. Existem nas prateleiras das livrarias centenas de livros que tratam de técnicas de investimentos e a imensa maioria se propõe a ensinar fórmulas espetaculares de ganhar muito dinheiro em pouco tempo.

Se você comprou este livro com essa expectativa, sinto informar que essa técnica não existe, não com a segurança que gostaria. Mas se você, ao contrário da maioria, espera ler sobre como investir de forma segura com uma rentabilidade superior e consistente no mercado de ações, com certeza deve aproveitar os conhecimentos acadêmicos aplicados ao mercado que estão presentes aqui.

O grande equívoco dos investidores é a ansiedade em aferir rentabilidade no curto prazo e, lógico, com um nível baixo de risco. Esta seria a situação ideal. Afinal, quem não gosta de ganhar muito dinheiro em pouco tempo? Isto é possível? Sim. Mas com uma probabilidade muito pequena, ou seja, com um risco muito grande. Em um capítulo específico, constataremos que o risco nada mais é do que o desvio do seu objetivo, ou seja, a probabilidade de não atingir o resultado esperado.

Você pode ganhar milhões em pouquíssimo tempo. Por exemplo, jogando na Mega-Sena, sua probabilidade de ganhar com um jogo simples de seis números é de uma em mais de 50 milhões!

Com a popularização da bolsa, milhares de novos investidores acessaram o mercado de ações, acesso fortemente "turbinado" pelo *home broker*[1]. Isto foi bom, pois desmistificou a visão que todos tinham de que a bolsa de valores era investimento só para ricos. Essa enxurrada de novos participantes acabou por aumentar a procura por técnicas capazes de ajudar na busca por rentabilidade sem muito esforço. Afinal, todos têm suas obrigações diárias e sobra pouco tempo para analisar os investimentos.

Após alguns acertos e muitos erros, a maioria desses novos participantes descobre que nem tudo é tão fácil como parece, e as "estórias" daquele vizinho, cunhado, primo, que ganhou muito dinheiro comprando e vendendo ações, tornam-se irreais, pois, depois de algum tempo, você verifica que esses que diziam ter encontrado a fórmula mágica de enriquecer em pouco tempo estão no mesmo emprego, fazendo a mesma coisa e agora "sem tempo" para investir na bolsa.

Nos programas de pós-graduação, MBA e CBA em finanças do Ibmec – Instituto Brasileiro de Mercado de Capitais, nos quais ministro aulas, e na rotina de minha empresa, na distribuição de fundos de ações geridos com base somente em fundamentos empresariais, dou orientação e enfatizo a importância do investimento em ações com horizonte de longo prazo.

Ao longo dos últimos anos, tenho notado uma importante mudança no comportamento dos investidores. Após a experiência especulativa, muitos já começam a duvidar das técnicas mirabolantes e buscam conhecimentos mais concretos e conservadores. Entre 2006 e 2012, em minhas palestras, notei que os participantes escutavam com certa ansiedade esperando aprender aquela fórmula mágica. No final, saíam decepcionados quando escutavam que, para investir com segurança e rentabilidade, era preciso paciência, disciplina e horizonte de tempo. Até hoje, nos eventos de educação financeira, para cada dez palestras sobre fórmulas para bater o mercado no curto prazo, há apenas uma com modelos e visão de longo prazo, baseada nos fundamentos dos negócios, e não em particularidades do mercado de investimentos.

---

1 Plataforma de compra e venda de ações pela internet.

Investir em ações nada mais é do que comprar participações em empresas, e este livro se propõe a ajudá-lo a fazer boas escolhas nesse sentido. É como se tornar sócio de seu cunhado, comprando uma parte da padaria dele. O que vai interessar, no final das contas, após pagas todas as despesas, é quanto dinheiro sobra no caixa, e quanto essa sobra de caixa o recompensa pelo investimento que fez no negócio.

No mercado de ações, em vários momentos, empresas são vendidas por um valor muito abaixo do razoável, ou seja, a bolsa é um local que lhe dá oportunidades de comprar barato participações em excelentes negócios. Esta é a grande vantagem a explorar, e é somente dessa forma que você deve ver a bolsa. Essa oportunidade, porém, praticamente inexiste com empresas de capital fechado. Voltando ao exemplo de seu cunhado, ele não venderia uma parte de sua padaria por um preço abaixo do valor real.

Warren Buffett[2] escreve no prefácio à quarta edição do livro *The Intelligent Investor*[3]:

> *Investir com sucesso ao longo de uma vida inteira não requer um quociente de inteligência estratosférico, uma visão empresarial incomum ou informações privilegiadas. Precisa-se de uma estrutura intelectual coerente para tomar decisões e ser capaz de não deixar que as emoções corroam esse arcabouço.*

Lírio Parisotto[4], considerado o maior investidor individual em ações no Brasil[5], conta que, após alguns fracassos iniciais no mercado de ações, resolveu deixar de lado as "dicas" e se basear apenas em fundamentos para investir em ações. Hoje, ele tem seu próprio fundo de ações com um patrimônio líquido de R$2,5 bilhões. Detalhe, Lírio é formado em medicina.

---

2 Warren Buffett é um investidor americano, o mais famoso fundamentalista e o homem mais rico do mundo.

3 Graham, Benjamin. 1894-1976. *O Investidor Inteligente* / Benjamin Graham; tradução de Lourdes Sette. Rio de Janeiro: Nova Fronteira, 2007.

4 Lírio Parisotto é o fundador da Videolar, maior fabricante nacional de CDs, DVDs e Blu-Ray, fundamentalista convicto, é considerado o Warren Buffett brasileiro.

5 Até a edição de 2011 deste livro.

Portanto, não é necessária a intelectualidade dos teóricos de finanças para ler o presente livro, ou para ser um bom investidor. Basta conscientizar-se de suas possibilidades e ter disciplina nas escolhas. Investir em ações é investir no longo prazo. Não se compra participações em empresas para revendê-las em seguida. A atitude recomendada, quando se encontra uma boa empresa, é a de ser sócio dela para sempre.

Este livro não se destina a comparações acadêmicas de modelos de avaliação, abordagens ou aprofundamento de teorias. O objetivo é trazer de forma simples e didática os conceitos de finanças. Não é um livro para especialistas, e sim um livro dedicado aos iniciantes, em que apresento conceitos financeiros abrangentes em uma linguagem simples e direta, permitindo uma leitura dinâmica e um aprendizado rápido das ferramentas utilizadas pelo mercado.

O livro se divide em cinco partes. Na primeira, vamos entender o que é importante antes de decidir investir, e os conceitos e ferramentas básicas. Na segunda, entenderemos as demonstrações contábeis e como interpretá-las. Na parte três, aprenderemos a determinar o fluxo de caixa da empresa e o método mais utilizado pelo mercado, o fluxo de caixa descontado. Na parte quatro, abordo sobre planejamento estratégico. A estratégia e a competitividade é que definem a confiabilidade e a durabilidade das projeções de resultados das empresas, o que faz com que elas tenham uma vantagem competitiva de longo prazo. Por fim, na parte cinco, vamos analisar uma análise real. Ao final, o leitor terá conhecimento suficiente para fazer uma avaliação simplificada de uma empresa, ler relatórios de analistas e atestar sua confiabilidade.

Desejo que, ao concluir a leitura, você tenha a segurança para investir em ações e tornar-se sócio dos melhores negócios do mercado com segurança e rentabilidade.

Boa leitura.

PARTE I

* * *

O QUE É IMPORTANTE ENTENDER

Quando uma pessoa decide investir suas economias, o primeiro passo é entender o ambiente de investimentos. É muito comum tomar decisões de investimentos sem antes fazer uma análise do ambiente econômico, do setor e da empresa.

O ambiente econômico global, nacional e setorial vai influenciar os resultados das empresas e, por isto, é primordial que se faça uma análise criteriosa para que sua decisão tenha uma probabilidade maior de acerto.

As políticas econômicas têm uma grande influência, pois elas determinam a alocação de recursos na economia, ou seja, delas dependem a disposição de investimento das pessoas e empresas. As políticas governamentais influenciam todos os setores da economia, uns mais do que os outros. E é sua influência, positiva ou negativa, que se deve conhecer.

O ambiente da empresa é um fator crítico de sucesso para determinar sua lucratividade. O conceito de retorno, quais são suas fontes, o retorno esperado e o seu valor no tempo nos dizem quanto vale uma empresa e se é um bom investimento. O conceito de risco é importante, pois indica se podem ocorrer eventos futuros e incertos que reduzam o retorno esperado do investimento ou o próprio valor da empresa.

Ao fim desta Parte 1, vamos entender de forma simples as ferramentas conceituais utilizadas na análise fundamentalista.

1
Entendendo o Ambiente de Investimento

Entender o ambiente é a primeira tarefa para um bom investidor.

Um sistema econômico nada mais é do que pessoas e empresas que têm dinheiro sobrando emprestando para as pessoas e empresas que precisam de dinheiro adicional. Todos conectados pelos intermediários financeiros, conhecidos popularmente como bancos. Essa troca de dinheiro, dos que têm sobrando para os que estão precisando, tem um custo que conhecemos como taxa de juros, esta taxa é o preço do dinheiro.

O custo do dinheiro na economia é definido pelas políticas macroeconômicas. Conhecer as premissas utilizadas pelas autoridades governamentais na definição dessas políticas é imprescindível para entender como irão afetar a receita das empresas e quais serão os impactos nas suas despesas, bem como sobre seu custo de capital, quanto custa o dinheiro que financia a operação da empresa.

Como as políticas setoriais impactarão a procura pelos produtos do setor e como as políticas da empresa afetarão a conquista de novas receitas também são imprescindíveis para apurar qual será sua rentabilidade.

Se você entende e gosta de economia, leia os boletins nos jornais especializados ou as análises dos economistas dos bancos de investimentos e corretoras, pois lá estará a visão deles de quais serão os impactos das políticas econômicas e governamentais sobre os diversos setores da economia.

Se você não entende ou não gosta muito de economia, o seu banco ou sua corretora publica as recomendações de seus economistas e gestores. Mas é importante uma noção básica para, pelo menos, ler os relatórios e, intuitivamente, entender quais serão os reflexos sobre os seus investimentos.

O Ambiente Macroeconômico

Todas as pessoas e empresas estão sujeitas à influência das políticas macroeconômicas globais e nacionais. As ações do FED (*Federal Reserve*), o Banco Central Norte-Americano, influenciam todo o mundo e, por consequência, as ações dos demais bancos centrais de outros países, incluindo o brasileiro. Por exemplo, se o FED baixar a taxa de juros, uma parte dos investidores americanos e os estrangeiros que investem lá provavelmente irão retirar seus recursos aplicados nos Estados Unidos e buscarão uma taxa de retorno melhor em outros países, dentre eles o Brasil, isso causará uma entrada maior de dólares com consequente influência em nossa economia, afetando muitas variáveis, como a taxa de câmbio, inflação, taxa de juros, balança comercial etc.

As decisões de investimentos são afetadas pelo ambiente macroeconômico, pois este define o "preço" do dinheiro na economia. Por exemplo:

- As pessoas só investem para obter retornos excedentes. Se eu tenho R$100 e sei que a taxa básica de juros é 10%, então, para deixar o dinheiro rendendo juros, eu estou cobrando 10%. Para investir em outra alternativa, meu referencial será esse.
- As empresas só operam para dar um retorno aos seus proprietários/acionistas acima de seu custo de capital, que é superior à taxa básica de juros (conhecida em finanças como taxa livre de risco), ou seja, se a taxa básica for os mesmos 10%, só faz sentido a empresa existir para dar um retorno acima disso, do contrário, é melhor deixar o dinheiro "rendendo juros no banco".[1]

O ambiente macroeconômico define, em primeira grandeza, todos os custos da economia. A taxa de juros define o custo do dinheiro, a taxa de câmbio define os custos para aqueles que necessitam importar e os preços para aqueles que exportam, a inflação e o desemprego afetam o consumo das famílias e, consequentemente, as vendas das empresas.

1 Empresas "grandes" oferecem retornos muitas vezes inferiores à taxa livre de risco da economia. O conceito é que as taxas de juros variam ao longo do tempo e, para obter retornos superiores, se deve operar as taxas de curto prazo, o que é difícil para grandes volumes de recursos devido à liquidez do mercado. Como investidor em ações, você pode escolher os momentos para colher os prêmios de retornos.

Quando decidimos investir em uma empresa, essa é a primeira análise a ser feita, como a operação da empresa será afetada em uma eventual mudança do ambiente.

Política Econômica Brasileira

A estabilidade econômica brasileira foi atingida com o plano real em 1994, e o principal motivo de seu sucesso foi eliminar a inflação e, com isso, dar capacidade de planejamento para todas as pessoas e empresas. Essa estabilidade advém da credibilidade das políticas econômicas e é amparada por metas claras a serem seguidas pelas autoridades responsáveis pela economia do país. A política econômica brasileira está baseada no tripé que vigora desde 1999: **metas de inflação, câmbio flutuante e superávit primário**. Sabendo que o Banco Central tomará as ações com base nesses objetivos, os agentes econômicos são capazes de se planejarem com certo grau de confiabilidade. Essas políticas e a autonomia do Banco Central (BC) em cumpri-las são extremamente importantes na condução dos negócios empresariais no Brasil.

Metas de Inflação

Metas de inflação são a referência para a política monetária, ferramenta utilizada para controlar a liquidez na economia, ou seja, a quantidade de dinheiro disponível no mercado.

A meta de inflação é determinada pelo CMN (Conselho Monetário Nacional), e é uma atribuição do Banco Central, que se utiliza da política monetária para atingir seu objetivo.

Quando a economia está consumindo mais do que produzindo, ou seja, há um forte consumo sem a devida oferta de produtos na mesma proporção, os preços começam a aumentar, gerando inflação. Quando essa inflação caminha para fora da meta, o Banco Central utiliza a ferramenta disponível de política monetária, que é a taxa de juros. Essa taxa é elevada e o seu efeito na economia é retirar dinheiro em quantidades que diminuam o consumo e minimizem a pressão sobre os preços, reduzindo, assim, a inflação. Vejamos um exemplo:

- O crescimento da economia brasileira após o Plano Real é bastante consistente, pois está aumentando a renda da população e, consequentemente, o consumo. O aumento do consumo sem um aumento na produção e oferta de produtos em mesma proporção pressiona os preços, gerando inflação. O BC utiliza a política monetária para aumentar a taxa de juros, o que incentiva a população a aumentar a quantidade de dinheiro em aplicações financeiras, ou reduzir as compras a prazo, pelo aumento das taxas no crediário. Assim, o BC reduz a liquidez na economia e diminui a pressão da demanda sobre os preços dos produtos. Com essa estratégia, controla-se a inflação.

Câmbio Flutuante

Câmbio flutuante é deixar a cotação do dólar frente ao real ser determinada pelo mercado, pela lei da oferta e procura. Apesar disso, o BC pode entrar no mercado eventualmente, comprando ou vendendo moeda. Dessa forma, ele minimiza a volatilidade excessiva em determinados momentos.

Exemplo:

- Quando há crises ou incertezas momentâneas no mercado, os fluxos de capitais de outros países "saem do normal". Isto gera um aumento ou diminuição na entrada e saída de dólares do país, fluxo este aumentado pela volatilidade da taxa de câmbio. Nesse momento, o Banco Central compra ou vende esse excesso de fluxo para minimizar esse movimento.

Superávit Primário

O superávit primário é a política de atingimento de saldo positivo entre arrecadação e despesa, excluindo o custo da dívida. Ele serve como uma sinalização para os investidores que o governo se preocupa em pagar sua dívida, e adota austeridade em suas contas, gerando um superávit que sinaliza, entre outras coisas: que ele não aumenta o déficit entre arrecadação e despesa, e gera resultados positivos que diminuem esse déficit.

Exemplo:

- Quando você gasta mais do que seu salário mensal, você precisa cobrir essa diferença com um empréstimo no cheque especial. No mês seguinte, se quiser diminuir sua dívida, você deverá, no mínimo, gastar menos do que seu salário, sem considerar os juros do cheque especial. Essa diferença é o seu superávit primário.
- O governo, para reduzir o risco de pagamento da dívida, precisa ter austeridade atingindo superávits primários.[2]

Entender os objetivos da política econômica brasileira nos dá a capacidade de projetar os resultados das empresas, pois sabemos as metas perseguidas pelas autoridades econômicas. Se os dados de inflação, divulgados periodicamente pela mídia, estiverem fora dos objetivos, acima da meta, saberemos que o Banco Central aumentará a taxa básica de juros para controlar a pressão sobre os preços e, com isso, trazer a inflação para a meta. Da mesma forma, sabemos que a política de câmbio flutuante deixará o preço do dólar ser definido pelo mercado e o BC intervirá somente para minimizar a volatilidade excessiva, já a meta de superávit primário manterá os gastos do governo sob controle.

O Ambiente Setorial

O ambiente macroeconômico define a disposição das pessoas em consumir e a das empresas em investir.

Feita a análise macroeconômica, deve-se analisar o ambiente competitivo dos setores da economia. Esta análise pode ser feita em consultas nos sistemas de informações financeiras como Valor Data, Cartezyan, AE Broadcast, Bloomberg, Economática, e nas entidades de classes setoriais e mídia especializada. Essas

2 Entre 2009 e 2014, houve a vigência da chamada "Nova Matriz Econômica", que se revelou desastrosa. Nesse período, foi abandonado principalmente o superávit primário, que acabou por afetar todo o tripé. Até o momento desta edição, 2018, estamos sob a chamada dominância fiscal, que resumidamente é a situação na qual o fiscal domina o monetário, ou seja, com uma dívida pública fora de controle, a política monetária tem um efeito contrário no controle da inflação, já que, ao subir os juros, a dinâmica da dívida ficará ainda pior, com aumento nos prêmios de risco, desvalorização do câmbio e deterioração geral das expectativas, o que acaba por ter o efeito inverso sobre as taxas de inflação.

informações também podem ser encontradas já analisadas e formatadas nos bancos de investimentos e corretoras.

Um setor, por definição, é um grupo de empresas com estruturas e produções similares, ou que fornecem bens e serviços que concorrem pelas preferências dos consumidores.

Analisar o ambiente setorial que se avalia investir é, antes de tudo, avaliar qual o seu estágio de crescimento: é um setor já maduro e se mantendo? Em declínio ou em forte expansão? As rentabilidades dependem dessas avaliações. Por exemplo, a indústria de fumo é um setor que já atingiu sua maturidade e está em declínio, e a expectativa é que existam cada vez menos consumidores para seus produtos, pois há uma forte campanha em toda a sociedade que desestimula novos consumidores, além de diminuir os atuais. Já a indústria de energia renovável e limpa está em forte expansão e deverá crescer nas próximas décadas.

Alguns aspectos que o investidor deve observar na análise:

- Taxa de crescimento do setor comparado à do PIB.

  Se as empresas crescem as taxas menores que o PIB, é um sinal de que pode haver problemas estruturais no setor que o impedem de acompanhar o crescimento da economia; ou é um setor de produtos e serviços obsoletos, defasados tecnologicamente e em processo de substituição.

- Grau de protecionismo.

  Um setor pode ter suas rentabilidades afetadas se seus produtos não são protegidos da entrada de concorrentes externos ou sofrem o protecionismo para entrar em outros mercados.

- Grau de fiscalização e regulação.

  Setor sob forte influência de políticas governamentais tem suas operações e estratégias muito dependentes de influência política, com isso, sua previsibilidade de lucros é afetada.

- Futuro tecnológico.

  Setor que pode sofrer substituição futura devido à obsolescência da tecnologia atual, seu negócio não só poderá ser afetado como também extinto.

O Ambiente Empresarial

O ambiente da empresa e a qualidade de sua gestão são ingredientes imprescindíveis para o seu sucesso. Isto não está aparentemente evidente em suas demonstrações financeiras, mas é extremamente importante conhecê-las antes de investir. É isto, essencialmente, que fará a diferença nos resultados futuros, que é o que interessa ao investidor.

Alguns itens que o investidor deve considerar:

- Quais as vantagens que a empresa estabeleceu no setor?
- Seus processos de trabalho são os melhores?
- Sua logística?
- Quais seus parceiros estratégicos? A parceria é vantajosa?
- Qual a composição da alta administração da empresa, sua experiência?
- Qual é o sucesso, a rotatividade dos executivos?
- A empresa se adapta rapidamente às mudanças de mercado?
- É inovadora?
- Motiva seus empregados?
- Motiva seus clientes?

Vamos a um exemplo analisando trechos de relatório da JK Global Partners SA[3] sobre ambientes macroeconômicos, setoriais e empresariais. A análise é da matriz SWOT[4].[5]

---

3 JK Global Partners SA é uma empresa de participações. Os nomes das empresas citadas no relatório são fictícios.

4 A matriz SWOT é uma ferramenta para fazer análise de ambiente (cenário), SWOT é uma sigla oriunda do inglês, é um acrônimo de Strengths (Forças), Weaknesses (Fraquezas), Opportunities (Oportunidades) e Threats (Ameaças). Forças e Fraquezas se referem ao ambiente interno, e Oportunidades e Ameaças ao ambiente externo.

5 Para confirmar o entendimento, leia um relatório atual de qualquer empresa. Você encontra facilmente na internet.

Análise de Investimento – Nemesis

JK GLOBAL PARTNERS

MATRIZ SWOT

PONTOS FORTES

Liderança nos mercados em que atua. A Nemesis, através de suas subsidiárias, é líder em praticamente todos os mercados nos quais desenvolve seus negócios. A Nemesis Implementos é a maior fabricante de implementos rodoviários da América Latina; a Neith é líder brasileira em fabricação de materiais de fricção; a Vulcan, na produção de sistemas de suspensões, eixos, vigas, cubos, tambores de freios e suportes para veículos; a Urano é líder na fabricação de freios a ar; e a Marte, no mercado de componentes para acoplamentos de veículos articulados em tecnologia de quinta-roda.

Elevada qualidade e tecnologia na fabricação de seus produtos. Sua longa experiência nos mercados de atuação proporciona alta qualidade e reconhecimento – por meio de certificações – a seus produtos. Além de possuir locais de desenvolvimento e testes de seus produtos, as sociedades e Joint Ventures com empresas estrangeiras proporcionaram transferência de tecnologia para a Nemesis – caso da Nemesis Veículos, Marte, Urano e, mais recentemente, da Neith e Vulcan.

Sólidas parcerias estratégicas. As parcerias internacionais realizadas pela companhia ampliam a confiabilidade e visualização dos seus produtos, além de abrir novos mercados. A Nemesis iniciou a utilização do modelo de Joint Ventures em 1986.

Ampla linha de produtos. A Nemesis é uma das empresas com portfólio mais amplo de produtos oferecidos aos seus clientes. A companhia não só possui vasta gama de opções de implementos e vagões ferroviários como atua em diferentes segmentos de mercado através de suas subsidiárias, em autopeças, consórcios e veículos fora-de-estrada.

Carteira de clientes bastante pulverizada. Devido à diversidade de operações e à característica do segmento de implementos rodoviários, a Nemesis tem, em sua carteira de clientes, montadoras de automóveis, caminhões, ônibus e semirreboques, além de transportadoras, varejistas e atacadistas de autopeças e milhares de transportadores autônomos.

Ampla rede de distribuição e comercialização. A rede de distribuição dos produtos Nemesis é ampla. No segmento de implementos, são utilizadas as "Casas" Nemesis, localizadas por todo o país, além da rede de distribuição e comercialização das controladas Urano, Neith e Nemesis Sistemas de Aquisição. As subsidiárias de autopeças também utilizam como canais de venda oficinas autorizadas, distribuidores próprios e independentes, vendedores, representantes e transportadoras. Para atender ao mercado externo, a empresa possui escritórios internacionais e estabelece parcerias para montagem dos produtos fora do país.

Processo verticalizado de produção. A Nemesis adquire grande parte dos componentes utilizados na fabricação dos implementos de suas próprias subsidiárias – Neith, Urano, Marte e Vulcan -, o que reduz sensivelmente o risco de um aumento inesperado nos preços de aquisição destes e gera ganhos de escala na produção.

PONTOS FRACOS

Exposição do câmbio em algumas controladas. Algumas das empresas Nemesis, por terem grande parte de suas receitas vinculadas a moedas estrangeiras, estão sujeitas a riscos relacionados com a taxa de câmbio. As subsidiárias Neith e Urano são as que apresentam maior sensibilidade em seus resultados em relação ao câmbio.

Dependência das montadoras de caminhões. Como a Nemesis destina parte significativa de sua produção às montadoras de veículos pesados, uma desaceleração nas atividades destas poderia levar a uma consequente redução das compras junto à empresa.

OPORTUNIDADES

Queda nas taxas de juros no longo prazo e aumento nos prazos de financiamento. A queda nas taxas de juros, além de propiciar investimentos em capacidade produtiva mediante captações de recursos menos onerosas, permite que as empresas invistam através de financiamentos mais acessíveis (linhas de financiamento específicas do BNDES em geral baseiam-se na TJLP), aumentando, assim, as vendas de caminhões e carretas. Como o Brasil apresenta as mais altas taxas de juros do mundo, a tendência no longo prazo é de queda em suas taxas, de forma que convirjam para valores semelhantes aos das economias com mesmo grau de risco.

Idade média elevada e necessidade de renovação da frota. A idade média da frota brasileira de veículos pesados é bastante elevada, em média de 18 anos ante uma média de 6 anos em países desenvolvidos como os EUA, o que amplia a demanda por sua renovação para que o transporte seja eficiente. Programas de financiamento lançados pelo governo nos últimos anos, como o Modercarga, o BNDES Caminhões e o Procaminhoneiro, são tentativas de agilizar este processo.

Investimentos em infraestrutura de transportes. O modal rodoviário é o meio de transporte mais utilizado no país, com uma participação de 58% na matriz. No entanto, as condições precárias das estradas demandam fortes investimentos. O Plano Nacional de Logística e Transportes de abril de 2007 sinaliza uma destinação de aproximadamente R$55,4 bilhões para a recuperação e construção de novas rodovias de 2008 a 2015, representando 54,7% do total de investimentos planejados para estrutura logística no período. Investimentos na melhoria das rodovias tornam o transporte por caminhão mais eficiente, seguro e econômico, impulsionando ainda mais o uso do modal.

Crescimento da economia e evolução no transporte de cargas. O maior crescimento do PIB e as expectativas de uma continuidade deste crescimento sinalizam que muita carga passará pelas rodovias brasileiras neste e nos próximos anos, impulsionando a venda de caminhões e implementos rodoviários.

Regulamentação do setor. Alterações na legislação vigente levarão a uma provável aceleração na demanda por caminhões. Dentre estas, destacamos a Resolução nº 258/07, que fixa tolerâncias para o peso sobre cada eixo nos caminhões e prevê a instalação de balanças para fiscalização do peso. Essas providências aumentam a demanda pelos veículos na medida em que reduzem a sobrecarga transportada, antes indevidamente, em um só caminhão.

AMEAÇAS

Redução da produção agrícola brasileira. Como parte representativa das receitas da companhia ainda está vinculada ao transporte da safra, um resultado muito ruim da colheita pode levar a uma menor venda de implementos para este segmento. No entanto, vale ressaltar que a companhia continuou a apresentar elevação em seus resultados por ocasião da quebra de safra ocorrida em 2005 e 2006, quando ampliou suas exportações mais do que compensando o efeito da redução na colheita em suas vendas.

Redução na taxa de crescimento da economia e elevação nos juros. Uma vez que o setor de transportes está altamente vinculado ao desempenho das atividades econômicas e da produção do país, uma redução no crescimento do PIB pode levar a uma redução no volume de carga transportada e consequente redução nas vendas de implementos e autopeças.

Elevação acentuada nos juros da economia. As compras de caminhões são, em sua maioria, financiadas, assim como a aquisição de implementos rodoviários, fazendo com que uma elevação significativa na TJLP implique em uma menor venda destes e das autopeças fornecidas pelas subsidiárias da Nemesis.

Elevação no preço dos principais insumos. Um aumento significativo no preço do aço, fundidos e pneus poderia levar a uma redução nas margens da Nemesis, na medida em que aumentaria o custo dos produtos vendidos.

TESE DE INVESTIMENTO

- A posição de liderança da companhia no Brasil reforça o reconhecimento de sua marca, a elevada escala das operações e a capacidade da empresa de obter rentabilidade e lucratividade superiores às de seus concorrentes transformam-na em um dos principais players mundiais de logística, com uma característica única de integração das cadeias de autopeças e fabricação de implementos;
- Atratividade do seu modelo de negócios, que se beneficia do crescimento e do desenvolvimento daqueles setores e segmentos da economia brasileira que se destacam no cenário mundial – setor primário, agroindústria, pecuária e mineração – e que demandam continuamente produtos da companhia;
- Necessidade de investimentos em logística e infraestrutura de transportes no Brasil, de forma a eliminar os gargalos de competitividade da economia, reduzir a idade média da frota de transporte rodoviário e ferroviário e incrementar a integração dos diferentes modais existentes implica benefícios diretos à Nemesis, principal fornecedora de implementos para o transporte rodoviário e com parcela destacada no mercado ferroviário;
- A acertada estratégia de verticalização e integração das atividades fabris, que lhe conferiu independência na produção de implementos e lhe proporcionou escala, permitindo expandir as vendas de autopeças e preservar mercados, tornando-a hoje a principal indústria de autopeças para veículos pesados de capital nacional;
- O sucesso da estratégia de internacionalização, através da criação de diferentes Joint Ventures com players de destaque e reconhecimento internacional, que transferiram tecnologia e facilitaram acesso a mercados de grande demanda.

Ambiente Macroeconômico

O relatório chama atenção para o cenário de ***queda nas taxas de juros de longo prazo***, isso beneficiará as vendas da Nemesis, que comercializa implementos rodoviários e ferroviários, pois permitirá que seus clientes tenham acesso a linhas de financiamento menos onerosas, assim a receita da empresa tem grande probabilidade de aumentar. Cita também o ***crescimento da economia e a evolução do transporte de cargas*** pois, com o crescimento do PIB, a quantidade de carga transportada aumentará e, consequentemente, impulsionará as vendas de caminhões e implementos rodoviários. Como ameaça, analisa a situação inversa, ou seja, ***a elevação dos juros e redução na taxa de crescimento do país*** e também ***a exposição do câmbio em algumas controladas***. O importante é que a análise macroeconômica mensura os impactos nos resultados da empresa e, consequentemente, em seu valor. Com essa análise, o investidor sabe exatamente a exposição da empresa, as incertezas do cenário econômico, quais as suas oportunidades e as ameaças.

Ambiente Setorial

O relatório cita os ***investimentos em infraestrutura de transportes*** como parte da politica governamental do ***Plano Nacional de Logística e Transportes***, esses investimentos tornam o modal rodoviário mais eficiente e reduz os custos do transporte, com isso, a empresa se beneficia vendendo mais caminhões e implementos. As alterações na legislação de ***regulamentação do setor*** também beneficiarão a empresa na medida em que a redução da sobrecarga exigirá mais veículos para transportar o mesmo volume, aumentando a demanda por caminhões. Como ameaça, uma ***redução da produção agrícola brasileira*** pode afetar as receitas da companhia, bem como uma ***elevação no preço dos principais insumos***.

Ambiente Empresarial

O relatório destaca as principais vantagens da empresa que levam a recomendação de investimento, sua ***liderança nos mercados em que atua***, a ***elevada qualidade e tecnologia na fabricação de seus produtos***, suas ***sólidas parcerias***

estratégicas, a ***ampla linha de produtos***, uma ***carteira de clientes bastante pulverizada***, seu ***processo verticalizado de produção***, bem como a ***ampla rede de distribuição e comercialização***. Como ameaça, sua ***dependência das montadoras de caminhões***.

Entender o ambiente de investimentos é essencialmente saber o que estamos fazendo, onde decidimos investir nossos recursos. O ambiente econômico é favorável para o setor que estou investindo? O ambiente empresarial é favorável para gerar os lucros esperados?

Mensurar os impactos, favoráveis e desfavoráveis, da economia no setor e na empresa, é essencial para projetar os resultados e estabelecer concretamente seu potencial de crescimento e seu valor.

2

Entendendo o Retorno

O Conceito de Retorno

Retorno é o ganho, ou a perda, obtido sobre um investimento em determinado período. É em função desse retorno que o investidor sente-se motivado, ou não, em investir seu dinheiro. Se você investir R$100 na poupança, terá 6% anuais líquidos e com risco muito baixo. Você só trocaria esse investimento por outro que oferecesse um retorno maior do que 6% líquido e com um nível de risco adequado.

As Fontes de Retorno

O retorno sobre um investimento pode ter origem em mais de uma fonte. Por exemplo, se investir em um imóvel, alugá-lo, e depois de um ano vendê-lo por um valor superior, você terá tido um ganho de capital, que é a diferença positiva entre o valor da compra e o valor da venda, e a renda corrente que são os aluguéis recebidos no período. No caso de uma ação, ganho de capital é a diferença positiva entre o valor pago na compra da ação e seu valor recebido na venda, e a renda corrente são os benefícios recebidos no período, como dividendos, juros sobre capital próprio, bonificações etc.

O **ganho ou perda de capital** é a variação do preço do ativo no período avaliado.

Renda corrente são os rendimentos advindos da posse do ativo, composta por dividendos e benefícios concedidos pela empresa, no caso das ações, e cupons e pagamentos de juros nos títulos da dívida.

O **retorno total** de seu investimento é a soma da renda corrente mais o ganho de capital.

$$\text{Retorno Total} = \text{Ganho (ou Perda) de Capital} + \text{Renda Corrente}$$

Por exemplo, suponhamos que você comprou 100 ações da fictícia empresa Análise SA, e pagou 10 reais por ação.

Capital Inicial = 100 X R$ 10 = R$1.000

Ao passar de um ano, essa ação pagou dividendos de R$1 por ação.

Dividendos = 100 X R$ 1 = R$100

Ao final do mesmo ano, o valor da ação estava em R$12.

Ganho de Capital = 100 X (R$ 12 – R$ 10) = 100 X R$ 2 = R$200

Retorno Total = R$ 200 +R $ 100 = R$300

Se você vender as ações da Análise SA, ao final dos 12 meses, terá um retorno de 30% sobre o seu investimento[1].

Retorno Total = R$ 300 / R$1.000 = 0,3 = 30%

O Retorno Esperado

Retorno esperado é o retorno exigido pelo investidor. Por exemplo, você não investiria em uma ação que tivesse um retorno esperado abaixo da taxa livre de risco[2], aproximadamente 11,25% a.a.[3], considerado um investimento livre de risco. Para correr um risco maior, que é comprar uma ação, você exigirá um retorno pelo menos superior a 11,25% a.a.

Lembre-se de que estamos falando de **retorno esperado**. Entretanto, o retorno efetivo ao final do período poderá ser mais alto ou mais baixo.

1 Desconsiderados os custos de transação e tributos para simplificação.

2 É considerada livre de risco "de crédito", pois o emissor da dívida e da moeda é o mesmo, ou seja, o Estado. No limite, ele imprime dinheiro para pagar as dívidas, como era feito no período de hiperinflação.

3 Taxa de juros básica, Selic, definida pelo Banco Central do Brasil em janeiro de 2011. A atual em fevereiro de 2018 é de 6,75%.

O Valor do Dinheiro no Tempo

Esse é o conceito mais importante da área de finanças e é o princípio básico que utilizaremos na precificação dos ativos.

Apesar de gerar bastante confusão, esse é um conceito bastante simples e intuitivo.

- R$100 valem mais hoje, ou daqui um ano?
- R$100, daqui um ano, valerão quanto hoje?

A intuição básica é exatamente o objetivo de nossos investimentos. Quando investimos, esperamos uma remuneração para nosso dinheiro, que é o valor dele no tempo. Se eu aplico R$100 em títulos públicos federais, esperando 11,25% a.a., é porque estou cobrando R$11,25 por ano para emprestar meus R$100 ao governo, ou seja, meus R$100 hoje valem R$111,25 daqui a um ano.

Outro exemplo: investir R$100, agora, para receber R$10 por ano durante os próximos 20 anos é um bom investimento? Aparentemente você pode dizer que sim, pois investirá R$100 para receber R$200. Entretanto, é necessário avaliar o valor do dinheiro no tempo, a taxa de juros influencia o seu valor e isto deve ser considerado na hora de descontar os valores para trazê-los ao presente e verificar se o investimento vale a pena.

Valor Futuro

O valor futuro é o montante, após um período, de uma aplicação feita hoje.

Por exemplo, suponha uma aplicação, hoje, de R$100, que rende juros de 6% a.a.

Após o período de um ano, você teria:

$$\text{Valor Futuro após 1 ano} = R\$100 \times (1 + 0{,}06) = R\$106$$

Se você deixar o dinheiro aplicado por mais um ano, teria:

$$\text{Valor Futuro após 2 anos} = R\$106 \times (1 + 0{,}06) = R\$112{,}36$$

ou

$$R\$100 \times (1 + 0{,}06)^2 = R\$112{,}36)$$

Se você desejar permanecer nessa aplicação, é só repetir o cálculo *n* vezes.

A fórmula matemática simplificada é:

$$\text{Valor Futuro após } n \text{ anos} = R\$100 \times (1 + 0{,}06)^n$$

$$VF = VP \times (1 + \text{taxa})^n$$

Valor Presente

O valor presente é o inverso do valor futuro, ou seja, o valor futuro trazido ao valor presente. Então, é só ajustarmos a fórmula do valor futuro.

$$VP = \frac{VF}{(1 + \text{taxa})^n}$$

Digamos que você tem R$100 a serem recebidos daqui a três anos, e que a taxa de desconto seja os mesmos 6%. O valor presente desse valor futuro é:

$$VP = \frac{\$100}{(1 + 0{,}06)^3}$$

$$VP = \$83{,}96$$

Cem reais, daqui a três anos, é o mesmo que R$83,96, hoje, considerada a taxa de 6%. Você deve ter notado, neste ponto, que a determinação mais precisa da taxa de desconto dos valores futuros determinará o sucesso da sua avaliação.

3
Entendendo o Risco

O Que É Risco?

O risco faz parte de nossas vidas: somos apresentados ao risco no dia em que nascemos. No nosso dia a dia, estamos expostos a diferentes intensidades de risco, ao escovar os dentes, sair da garagem, dirigir até o trabalho, almoçar ou mesmo dormir. Em tudo, porém, há um nível de risco diferente. Podemos definir esses riscos como involuntários, pois são inerentes às atividades básicas do ser humano.

Há também os riscos voluntários, ou seja, aqueles que assumimos por vontade própria, ao consumir bebida alcoólica e dirigir, ou jogar na Mega-Sena, estamos correndo o risco de morrer, ou de perder a aposta, voluntariamente.

Breve História do Risco

Desde o princípio, a raça humana está exposta ao risco. Nossos antepassados se expunham ao risco para sobreviver: aqueles que saiam à caça poderiam ser devorados por outros predadores, ou poderiam sucumbir diante de condições geográficas e climáticas adversas. Mas, no caso de sucesso, obtinham os alimentos e sobreviviam. Já os que decidiam não correr esse risco morriam de fome. Era o risco físico ligado às recompensas materiais.

A evolução dos riscos está atrelada à própria evolução econômica.

O homo sapiens passou a comer, além de carne, também hortaliças e grãos. Esses novos hábitos alimentares fizeram com que alguns passassem a cultivar esses alimentos enquanto outros caçavam a carne. Surgiu aí o escambo: os produtores de grãos os trocavam pela carne. Como o risco de plantar era inferior ao de caçar, a relação de troca era diferente, e talvez essa seja a primeira noção de risco e retorno.

Com a invenção da moeda, surgiu a troca do risco físico pelo econômico. No mercantilismo, os comerciantes pagavam pelas mercadorias que outros iriam buscar, ou seja, enquanto os navegantes corriam o risco físico de morrer durante a viagem, o comerciante corria o risco econômico de perder seu dinheiro. Um dos estudos etimológicos diz que a palavra risco teve sua origem no latim *resecare*, que significa "cortar", correspondendo ao risco a que estavam expostas as embarcações devido à desconhecida geografia marítima. Outro estudo diz que a palavra "risco" deriva do italiano *riscare*, que deriva do latim *risicu, riscu*, que significa "ousar".

Esta troca do risco físico pelo risco econômico fez surgir a necessidade de mensuração do risco. Este deveria ser monetariamente mensurado para que as trocas fossem justas.

Como vimos, o risco está em toda parte e em todas as atividades. Como investidores, temos que ter ciência do risco e entender que, ao contrário do que muitos pensam, não se deve evitá-lo, mas devemos saber mensurá-lo para exigir o retorno adequado.

Definição

Podemos definir risco como incerteza, isto é, assumir algo que não estamos certos do resultado.

Vamos focar na definição de finanças, na qual o risco é definido como a variabilidade dos retornos passados em comparação com o retorno esperado. É o conceito matemático, estatístico do desvio padrão, ou seja, quanto o resultado se desviou da média esperada.

Como Mensurar o Risco

Necessitamos mensurar o risco para estabelecermos trocas justas entre risco e retorno. Se algo oferece risco maior — e para isto precisamos saber mensurar

—, deverá oferecer também uma possibilidade maior de retorno. É preciso haver possibilidade, e não certeza.

A primeira medida de risco lógica que surgiu foi a das probabilidades calculadas, ou seja, a probabilidade de um evento acontecer, ou não.

Um exemplo de fácil entendimento é o lançamento de uma moeda. Quando você lança uma moeda, a probabilidade de dar cara é de 50%; e a de dar coroa também é de 50%. Assim, pelo estudo da probabilidade, o seu risco de acertar é de 50%, e de errar também é de 50%. Outro exemplo é o da Mega-Sena, cuja probabilidade de acertar os seis números em um jogo simples é de aproximadamente uma em cinquenta milhões. Portanto, o seu risco de não acertar é de 99,999998%, um risco absurdamente alto.

Como nosso objetivo não é um estudo aprofundado e acadêmico do risco, e sim a medida de risco para o mercado de ações, vamos direto às teorias atuais da moderna estatística matemática[1].

A evolução dos mercados financeiros gerou a necessidade de mensurar o risco de seus ativos, tanto do lado das perdas quanto dos ganhos potenciais, e daí a conclusão de que o risco é a variabilidade do resultado esperado, surgindo, assim, o modelo da média variância.

O risco de um ativo é a variância de seus resultados em relação à média do mercado. Para a nossa realidade, é a variância nos preços da ação em relação aos preços do mercado, ou seja, ao Índice Bovespa. Esse risco é expresso pelo *beta* (β)[2].

---

1 Quase 100% dos modelos econômicos têm como premissa a distribuição normal ou gaussiana (Carl Friedrich Gauss), se as observações se comportaram assim no passado, é "normal" que se comportem assim no futuro. Segundo Nassim Nicholas Taleb, filósofo, estatístico e matemático libanês radicado nos Estados Unidos, um estudioso da incerteza e dos eventos imprevisíveis, os fenômenos que realmente importam são aqueles que não estão na distribuição normal que ele chama de Cisnes Negros, teoria explorada no livro "A Lógica do Cisne Negro", que recomendo a leitura para quem desejar se aprofundar no assunto.

2 Warren Buffett, a lenda viva dos investimentos, é um crítico da utilização do beta como medida de risco de uma empresa. Na realidade, sua crítica é mais direcionada aos investidores que, cegamente, acreditam que somente olhando para o beta e, comparando-o com o de outras empresas, podem medir os riscos inerentes a um negócio empresarial. O beta aqui é utilizado como medida de risco para encontrar o risco do capital próprio, por ser praticamente unanimidade no mercado como modelo de precificação de ativos. Outros riscos inerentes aos negócios são evidenciados nas diversas análises financeiras e também no planejamento estratégico das empresas. A teoria do *beta* também se aplica as críticas de Taleb a "distribuição normal".

O *beta* (β) pode ser obtido nos sistemas de informações financeiras, Valor Data, Cartezyan, AE Broadcast, Economática e Bloomberg.

TABELA 3.1 *BETA* DE EMPRESAS DOS FUNDOS DISTRIBUÍDOS PELA JK INVESTIMENTOS

Empresa	Bolsa	Beta
Banco do Brasil	Bovespa	0,93
Cielo	Bovespa	0,71
Cemig	Bovespa	0,60
CSN	Bovespa	1,26
EcoRodovias	Bovespa	0,59
Taurus	Bovespa	0,81
Itaú	Bovespa	1,01
Pão de Açúcar	Bovespa	0,64
Petrobrás	Bovespa	1,03
Randon	Bovespa	0,74
Vale	Bovespa	1,05

O Significado do *Beta* (β).

Beta igual a 1

A ação se movimenta, em média, igual ao índice Bovespa, ou seja, em geral, se o Ibovespa sobe 10%, a ação também sobe 10%; se cai 10%, a ação cai 10%.

Beta menor do que 1

A ação se movimenta, em média, menos que o índice Bovespa, ou seja, se o *beta* da ação for 0,7 significa que, em geral, se o Ibovespa cair 10%, a ação cairá 7%, se subir 10%, subirá 7%.

Beta MAIOR DO QUE 1

A ação se movimenta, em média, mais que o Índice Bovespa, ou seja, se o *beta* da ação for 1,3, significa que, em geral, se o Ibovespa cair 10%, a ação cairá 13%; se subir 10%, a ação subirá 13%.

Maior volatilidade significa risco maior. *Betas* menores, riscos menores; *betas* maiores, riscos maiores.

O *beta* avalia o risco relativo de um ativo em relação ao mercado, mensura a exposição do investidor ao risco sistemático, ou seja, o risco de mercado. É uma importante medida de volatilidade, servindo para comparar a reação de diversos ativos a uma alteração no mercado. É esse risco que precisamos mensurar, pois, em teoria, o risco específico podemos eliminar através da diversificação.

Risco Específico e Risco Sistemático

O risco específico é atribuído à empresa e, por isto, pode ser eliminado através da diversificação. Por exemplo, uma empresa produtora de carne de aves pode ser afetada pela gripe aviária. Este risco é específico dela, e pode ser eliminado diversificando os investimentos em empresas de outros setores.

O risco sistemático é o que afeta todo o mercado e não pode ser eliminado por meio da diversificação. Por exemplo, a crise financeira mundial dos *subprimes* americanos afetou todo o mercado.

Vários são os estudos e visões sobre risco. É importante o conhecimento da empresa, pois, quanto mais se conhece o negócio, melhor sua visão sobre seus riscos, como diz Warren Buffett: *"O risco advém de você não saber o que está fazendo"*.

4

Entendendo as Ferramentas Conceituais

As ferramentas conceituais existentes na teoria de finanças são várias, mas não nos cabe aqui analisar ou questionar as discussões acadêmicas que elas suscitam, pois o objetivo deste livro é trazer, de forma simples e didática, as mais utilizadas pelo mercado, e é isto o que vamos estudar.

Avaliar uma empresa é projetar seus fluxos de caixa e trazê-los a valor presente.

Vamos iniciar com um exemplo para entender a importância das ferramentas conceituais. Imagine que você queira iniciar um negócio próprio, comprar um táxi para gerar renda.

Existem três situações. Na primeira, você tem todo o capital necessário (100 mil reais); na segunda, você não tem nada; e, na terceira, só a metade. Vamos supor que esse montante seja suficiente para você comprar o carro e reservar um capital de giro para manter o negócio. Para avaliar se é um bom negócio, ou não, você deve saber o custo desse capital.

Na primeira situação, você precisa saber o custo do capital próprio, pois você dispõe do total a ser investido. Para esse cálculo, utilizamos o modelo CAPM[1].

Na segunda situação, você precisa saber o custo do capital de terceiros, pois terá que tomar emprestado o total a ser investido. Esse custo será o custo da emissão de sua dívida, ou seja, os juros do financiamento do carro e, eventualmente, o custo do capital de giro.

Na terceira situação, você deverá calcular o custo médio ponderado do capital, pois metade é seu, com custo de capital próprio, e a outra metade com custo de

1 CAPM – Capital Asset Pricing Model – Modelo de Precificação de Ativos.

capital de terceiros. Para esse cálculo, há uma fórmula simples de proporcionalidade de capital próprio, e de terceiros, que chamamos de WACC[2].

A conclusão, a própria intuição nos dá. Os fluxos de caixa que o táxi irá gerar, pelo seu tempo de vida útil, trazidos a valor presente, deverão ser superiores aos R$100 mil investidos.

CAPM

O CAPM é o método de precificação de ativos mais utilizado pelo mercado, apesar de ser um modelo polêmico nos meios acadêmicos pelas premissas que utiliza. Ele parte do pressuposto de que todos os investidores têm as mesmas informações sobre os ativos e que não há custos de transação e impostos, além de supor um único horizonte de tempo na expectativa desses investidores. Por mais absurdas que essas premissas possam parecer, se aceitarmos os pressupostos, chegaremos à conclusão de que o risco de um ativo é em função de como ele "covaria" com a carteira de mercado, medido pelo *beta* (β)[3].

Apesar de toda polêmica, o modelo CAPM é utilizado como padrão para mensuração do risco por sua simplicidade e apelo intuitivo.

Vejamos a sua fórmula.

$$R_i = R_f + \beta_i \cdot (R_m - R_f)$$

$$\begin{matrix}\textit{Retorno} \\ \textit{esperado} \\ \textit{do ativo i}\end{matrix} = \begin{matrix}\textit{Retorno} \\ \textit{do ativo} \\ \textit{livre de risco}\end{matrix} + \begin{matrix}\textit{Beta do} \\ \textit{ativo i}\end{matrix} \times \left\{ \begin{matrix}\textit{Retorno da} \\ \textit{carteira de} \\ \textit{mercado}\end{matrix} - \begin{matrix}\textit{Retorno} \\ \textit{do ativo} \\ \textit{livre de risco}\end{matrix} \right\}$$

Para efeito didático, vamos analisar os componentes da fórmula separadamente.

2 WACC – Weighted Average Cost of Capital – Custo Médio Ponderado de Capital.

3 $\textit{Beta do ativo} = \dfrac{\textit{Covariância do ativo com a carteira de mercado}}{\textit{Variância da carteira de mercado}}$

(R_F) Retorno do ativo livre de risco.

É a taxa livre de risco. O ativo que possui o menor risco de o emissor não honrar o pagamento. No Brasil, são os títulos do Tesouro Nacional, taxa expressa pela Selic.[4]

Damodaran[5] diz que a taxa sem risco é a taxa de retorno que você pode esperar, com certeza, de um dado investimento. Em geral, é a taxa de juros dos ativos sem risco de inadimplemento (geralmente obrigações do governo).

Copeland[6] recomenda o uso da taxa dos títulos[7] de dez anos, pois é uma taxa de longo prazo que, geralmente, se aproxima da duração do fluxo de caixa da empresa avaliada, e se aproxima, também, da duração da carteira de índice do mercado acionário.

(β_i) *Beta* do ativo i

É o coeficiente de risco do ativo em relação à carteira de mercado. Como vimos no capítulo sobre risco, o *beta* é a medida de quanto um ativo varia em relação à variação do mercado. Por exemplo, se durante o período avaliado o Índice Bovespa variar 1%, e nesse mesmo período o ativo variar 1,2%, o seu *beta* será 1.2. Simples assim: um *beta* de 1,2 significa que o ativo varia 1.2 vezes o que variar o índice de mercado.

($R_m - R_F$) Prêmio de risco da carteira de mercado.

A diferença entre a taxa livre de risco e o retorno da carteira de mercado é o prêmio de risco. Nos últimos seis anos, o Ibovespa valorizou 183,20%, enquanto

4 Selic – Taxa básica de juros na economia, definida pelo Banco Central do Brasil.

5 Damodaran, Aswath. "Gestão Estratégica do Risco: Uma Referência Para a Tomada de Riscos Empresariais". Porto Alegre: Bookman, 2009.

6 Copeland, Tom; Koller, Tim e Murrin, Jack. "Avaliação de Empresas – *Valuation: Calculando e Gerenciando o Valor das Empresas*". 3ª Ed. São Paulo: Pearson Makron Books, 2002.

7 Copeland cita os T-bonds – *Treasury bonds*, de 10 anos do Tesouro Americano. Podemos utilizar o equivalente do Tesouro Brasileiro.

a taxa livre de risco valorizou 105,96%. Esta diferença de 77,24% é o prêmio de risco da carteira de mercado[8].

Devido à volatilidade do mercado de ações, é recomendável utilizar um período de dez anos ou mais.

$\beta_i \times (R_m - R_F)$ Prêmio de risco do ativo i.

É o risco do ativo i multiplicado pelo prêmio de risco da carteira de mercado. A própria intuição nos diz isso, ou seja, multiplicamos o risco de mercado pelo *beta* do ativo e achamos o risco do ativo. Exemplo: se o prêmio do mercado é de 10% e o *beta* do ativo é 1,2, então o prêmio de risco do ativo i será de 12%.

Vejamos novamente a fórmula:

$$\overline{R}_i = R_F + \overbrace{\beta_i \underbrace{\left(\overline{R}_M - R_F\right)}_{\text{Prêmio de risco da carteira de mercado}}}^{\text{Prêmio de risco do Ativo } i}$$

O retorno que o investidor espera do ativo *i* é, simplesmente, a taxa livre de risco mais um prêmio pelo risco de investir nesse ativo.

É a lógica que seguimos intuitivamente em nossos investimentos. Você só vai retirar o dinheiro da renda fixa (expressa pelo R_f) para ganhar um prêmio a mais pelo risco maior que estará correndo ao comprar a ação *i*. Do contrário, deixaria o dinheiro na renda fixa.

Exemplo

Vamos considerar a empresa Análise SA. A taxa livre de risco é de 11,25%, o *beta* da empresa é de 1,2 e o retorno do Ibovespa é de 21%. O custo de capital próprio, calculado pelo CAPM:

8 Dados do site da Geração Futuro Banco de Investimentos, em 27/01/2011.

$$R_{AnáliseSA} = 11{,}25\% + 1{,}2 \times (21\% - 11{,}25\%)$$

$$R_{AnáliseSA} = 22{,}95\%$$

BETA (β)

No capítulo 3, em "Como Mensurar o Risco", estudamos o *beta* e seu significado, e também vimos, no CAPM, como ele se insere na fórmula de precificação de ativos.

Vamos apenas relembrar seu significado e solidificar o entendimento.

O Significado do *Beta* (β).

Beta igual a 1

A ação se movimenta, em média, igual ao Índice Bovespa, ou seja, em geral, se o Ibovespa sobe 10%, a ação também sobe 10%; se cai 10%, a ação cai 10%.

Beta menor do que 1

A ação se movimenta, em média, menos que o Índice Bovespa, ou seja: se o *beta* da ação for 0,7, significa que, em geral, se o Ibovespa cair 10%, a ação cairá 7%; se subir 10%, subirá 7%.

Beta maior do que 1

A ação se movimenta, em média, mais que o Índice Bovespa, ou seja: se o *beta* da ação for 1,3, significa que, em geral, se o Ibovespa cair 10%, a ação cairá 13%; se subir 10%, a ação subirá 13%.

Maior volatilidade significa risco maior. *Betas* menores, riscos menores; *betas* maiores, riscos maiores.

O *beta* (β)[9] avalia o risco relativo de um ativo em relação ao mercado, mensura a exposição do investidor ao risco sistemático, ou seja, o risco de mercado. É uma importante medida de volatilidade, servindo para comparar a reação de diversos ativos a uma alteração no mercado. É esse risco que precisamos mensurar, pois, em teoria, o risco específico podemos eliminar através da diversificação, como já foi dito.

WACC

O WACC, ou CMPC (Custo Médio Ponderado de Capital), é expresso pela fórmula:

$$r_{wacc} = (\%\,CP \times r_p) + (\%\,C3 \times r_3) \times (1 - T)$$

CMPC = (Proporção CP x Custo CP) + (Proporção C3 x Custo C3) x (Benefício Fiscal)

A fórmula é simples. Sobre o capital de terceiros ainda incide o benefício fiscal do IR, pois os juros e encargos financeiros são considerados despesas e reduzem o lucro (para as empresas no regime de lucro real).

Exemplo

Suponhamos que a empresa Análise SA tenha sua estrutura com 70% de capital próprio e 30% de capital de terceiros; que o custo de capital próprio que calculamos pelo CAPM seja de 22,95%; e que o custo de capital de terceiros seja de 14% para novas emissões[10] e tenha tributos de 34%. O CMPC seria assim calculado:

$$\textit{Análise SA}_{wacc} = (70\% \times 22{,}95\%) + (30\% \times 14\%) \times (1 - 0{,}34)$$

$$\textit{Análise SA}_{wacc} = 18{,}84\%$$

O custo médio ponderado de capital da Análise SA é de 18,84%.

9 Para simplificação do aprendizado, estamos considerando o *beta* estatístico, no "mundo real", utilizamos o chamado *beta* realavancado. Esse ajuste pela teoria chamada de *Botton Up Beta* corrige eventuais falhas estatísticas. O apêndice I tem o material para quem quiser se aprofundar no assunto.

10 O correto é utilizar a taxa disponível no mercado para tomar novas dívidas e não o custo das atuais, pois se entende que essa é a taxa disponível para continuar se financiando com capital de terceiros.

Perpetuidade

É um outro conceito que, apesar de parecer complicado, é intuitivamente muito simples de entender. Na realidade, não podemos afirmar que exista uma empresa ou ativo perpétuo, que vai gerar lucros até o fim dos tempos. Mas é razoável imaginar que as empresas tenham um prazo indeterminado de vida.

Se olharmos para o mercado, constataremos que é bastante razoável imaginar que várias empresas ainda estejam operando daqui a 50 anos. Petrobrás, Vale, Gerdau etc. Muitas empresas que compõem o Ibovespa[11] operam há mais de 100 anos.

Mas para que serve a perpetuidade?

Veremos no capítulo 7, "Avaliação pelo Fluxo de Caixa", que, para encontrar o valor de uma empresa, devemos trazer a valor presente os seus fluxos de caixa futuros. O valor de um negócio é quanto lucro ele irá gerar enquanto estiver operando. Mas, para essas empresas que acreditamos estar operando e gerando lucros pelos próximos 50 anos, não é razoável projetarmos os fluxos por todo esse tempo. Então, a partir de um certo ano, calculamos o valor da perpetuidade, ou seja, no 11º ano, por exemplo, calculamos o seu valor terminal[12], para somarmos ao valor dos fluxos dos dez anos projetados.

Fórmula da Perpetuidade

A fórmula da perpetuidade é o limite para o qual converge a expansão de uma série infinita de fluxos de caixa descontados.

$$VP = \frac{FC_1}{(r - g)}$$

VP = Valor presente do ativo
FC₁ = Fluxo de caixa no tempo 1
r = A taxa de desconto apropriada do fluxo de caixa do ativo
g = A taxa de crescimento dos FCs.

11 Índice Bovespa.

12 Valor terminal, apesar de ter a conotação de término, é justamente o nome do valor da perpetuidade.

Para comprovarmos a fórmula, vamos relembrar o conceito de fluxos de caixa descontados: descontar um fluxo de caixa é trazer um valor futuro para o presente, ou seja: R$100 mil, daqui a um ano, valem quanto hoje? Digamos que a taxa de desconto seja 15%.

$$VP = \frac{VF}{(1 + taxa)^n}$$

$$VP = \frac{100.000}{(1 + 0{,}15)^1}$$

$$VP = 86.956{,}52$$

Considerada uma taxa de 15% a.a., R$100 mil daqui a um ano valem o mesmo que R$86.956,52 hoje.

Vamos considerar agora dois fluxos, ou seja: por dois anos, R$100 mil a cada ano com a mesma taxa. Isto nos dará o somatório dos dois fluxos.

$$VP = \frac{FC_1}{(1+r)^1} + \frac{FC_2}{(1+r)^2}$$

$$VP = \frac{100.000}{(1{,}15)^1} + \frac{100.000}{(1{,}15)^2}$$

$$VP = 86.956{,}52 + 75.614{,}37$$

$$VP = 162.570{,}89$$

Ou seja, dois fluxos de R$100 mil a serem recebidos em dois anos é a mesma coisa que 162.570,89 hoje, e isto é o somatório dos fluxos de caixa descontados.

Para fluxos indeterminados, temos a fórmula:

$$VP = \frac{FC_1}{(1+r)^1} + \frac{FC_2}{(1+r)^2} + \frac{FC_3}{(1+r)^3} \dots \frac{FC_n}{(1+r)^n}$$

ou

$$\boldsymbol{VP = \sum_{t=1}^{n} \frac{FC_t}{(1+r)^t}}$$

A fórmula da perpetuidade é uma simplificação para não ser preciso calcular os fluxos indeterminadamente. Já imaginou o trabalho?

A tabela 4.1 mostra o valor presente dos fluxos até mil anos.

TABELA 4.1

Fluxo de Caixa Anual (R$)	N	Taxa (%)	Valor Presente (R$)
100.000	1 ano	15	86.956,52
100.000	2 anos	15	162.570,89
100.000	10 anos	15	501.876,86
100.000	20 anos	15	625.933,15
100.000	30 anos	15	656.597,96
100.000	40 anos	15	664.177,84
100.000	50 anos	15	666.051,47
100.000	100 anos	15	666.666,10
100.000	200 anos	15	666.666,67
100.000	1.000 anos	15	666.666,67

Observando a tabela, comprovamos a definição da fórmula da perpetuidade:

> *A fórmula da perpetuidade é o limite para o qual converge a expansão de uma série infinita de fluxos de caixa descontados.*

A intuição é que, quanto mais distante o fluxo de caixa, menos ele vale hoje. Considerando a taxa anual de 15%, R$100 mil daqui a mil anos não valem absolutamente nada hoje. De 100 para 200 anos, acrescentam-se no somatório apenas 0,57 centavos.

Então, se acreditamos que a empresa avaliada estará operacional daqui a 40, 50 anos, utilizamos a fórmula da perpetuidade após o horizonte avaliado.

Exemplo, considerando a empresa “sem” crescimento.

$$VP = \frac{FC_1}{(r - g)}$$

r = Taxa de desconto
g = Taxa de crescimento

$$VP = \frac{\$100.000}{(0{,}15 - 0{,}00)}$$

$$VP = \$666.666{,}67$$

O erro que estaremos incorrendo é de 0,0923%.

$$\frac{666.666{,}67}{666.051{,}47} = 0{,}0923\%$$

Caso a análise seja feita prevendo crescimento da empresa, é só acrescentar a taxa projetada.

Por exemplo, vamos supor um crescimento de 2% ao ano:

$$VP = \frac{FC_1}{(r - g)}$$

r = Taxa de desconto
g = Taxa de crescimento

$$VP = \frac{\$100.000}{(0{,}15 - 0{,}00)}$$

$$VP = \$769.230{,}77$$

PARTE II

* * *

FINANÇAS EMPRESARIAIS

5
Entendendo as Demonstrações Financeiras

"Você precisa entender de contabilidade e deve compreender as nuances dessa ciência. Esse é o idioma dos negócios, um idioma imperfeito, porém, a menos que esteja disposto a fazer o esforço de aprender contabilidade, como ler e analisar demonstrações financeiras, não deveria escolher ações por conta própria."

Warren Buffett

Objetivos da Análise Financeira

A análise fundamentalista tem por princípio avaliar os fundamentos da empresa para tomar a decisão de investimento. Para avaliarmos uma empresa, é necessária uma análise profunda de suas demonstrações financeiras.

O objetivo da análise financeira é avaliar qual a estrutura financeira da empresa, suas decisões de investimento, de financiamento e suas operações.

A análise dos investimentos em ativos evidenciam se os mesmos estão gerando o retorno esperado com o risco adequado.

A análise dos financiamentos nos mostra de onde vêm os recursos necessários para a empresa operar e investir.

Já as operações, estas evidenciam se a empresa consegue operar com a rentabilidade esperada.

Objetivos Empresariais

Em finanças, a teoria diz que o objetivo da empresa é criar valor para o seu acionista. Criar valor é gerar uma rentabilidade superior ao que o acionista conseguiria em outro investimento.

Podemos relacionar outros objetivos, como:

- Satisfazer seus clientes com qualidade e satisfação;
- Manter um ambiente saudável e motivado para seus funcionários;
- Ser socialmente responsável.

Porém, nenhum dos objetivos acima fará sentido se a empresa não gerar rentabilidade. O objetivo final de qualquer empreendimento é criar valor para o seu acionista.

Vamos aprender que, através da análise das demonstrações financeiras da empresa, é possível avaliar se os recursos estão sendo adequadamente aplicados e gerando a rentabilidade exigida.

Balanço Patrimonial (BP)

O Balanço Patrimonial é a peça contábil que demonstra, em determinada data, geralmente no fechamento do ano, a situação patrimonial da empresa, ou seja, seus bens e direitos, e suas obrigações.

O balanço é organizado de forma simples e didática. Do lado direito, estão suas obrigações; do lado esquerdo, seus bens e direitos.

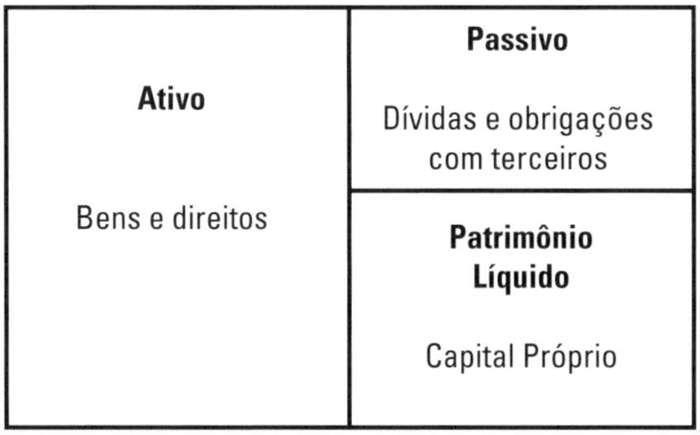

Figura 5.1

Visualizando dessa forma, podemos ver como a empresa se financia, ou seja, qual sua estrutura de capital. O passivo é o capital de terceiros; o patrimônio líquido é o capital próprio; e o ativo, onde esses recursos estão sendo aplicados.

Desse modo, podemos ver o balanço patrimonial assim:

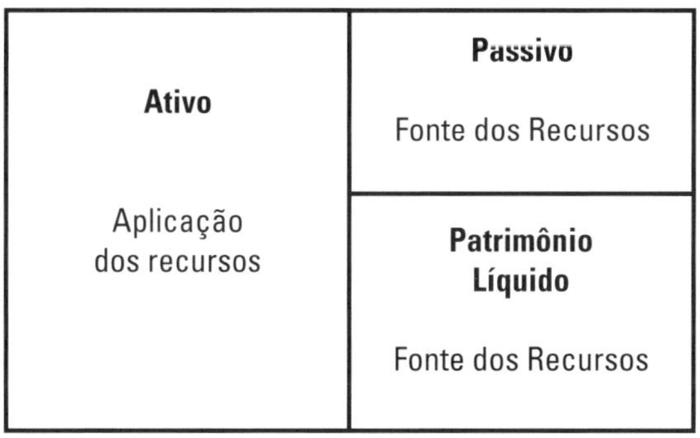

Figura 5.2

Como em todo empreendimento/investimento só aplicamos recursos na expectativa de gerar lucros/rentabilidade, então essa aplicação de recursos no ativo precisa gerar receitas em proporção maior que as despesas, e nos dar esse retorno.

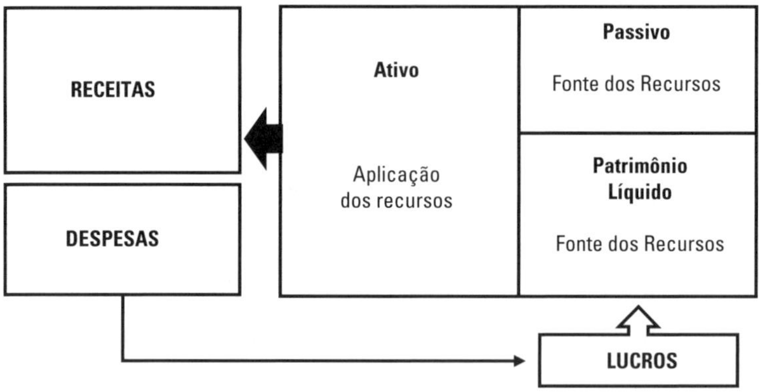

Figura 5.3

Segundo Gustavo Cerbasi[1], a empresa, para ser considerada um bom investimento, precisa assegurar que os lucros sejam suficientes para, além de garantir o retorno aos seus acionistas, destinar parte para reinvestimento, alimentando o que chamamos em teoria financeira de dinâmica da continuidade.

A dinâmica da continuidade assegura que a atividade da empresa cresça incessantemente, gerando cada vez mais lucros em função de maiores investimentos feitos.

A análise do balanço patrimonial tem por objetivo nos dar uma visão clara de onde vêm os recursos da empresa e como ela se financia, ou seja, qual a composição do capital próprio e do capital de terceiros. No capital de terceiros, quais as proporções de dívidas de curto e longo prazo.

Para entendermos melhor como é elaborado um balanço patrimonial, vamos fazê-lo passo a passo.

Exemplo

Você dispõe de R$10 mil e decide abrir um negócio. Um quiosque de sorvete. Então, esse recurso será contabilizado no patrimônio líquido como capital social e, no ativo, em bancos, ou seja, o dinheiro está disponível na conta corrente da empresa.

1 Cerbasi, Gustavo; Paschoarelli, Rafael. 1974. *Finanças para empreendedores e profissionais não financeiros*. São Paulo: Saraiva, 2007.

TABELA 5.1 BALANÇO PATRIMONIAL[2] — Quiosque do Sorvete Ltda.

ATIVO		PASSIVO + PL	
Bancos	10.000	PL	
		Capital Social	10.000
Total do Ativo	**10.000**	**Total do Passivo + PL**	**10.000**

Após pesquisa, você descobre que seus R$10 mil não serão suficientes e solicita um empréstimo bancário de R$6 mil com carência para início de pagamento de 18 meses. Como agora surgiu uma nova origem de recursos, ou seja, os R$6 mil emprestados pelo banco, seu balanço patrimonial será aumentado neste valor.

TABELA 5.2 BALANÇO PATRIMONIAL — Quiosque do Sorvete Ltda.

ATIVO		PASSIVO + PL	
Ativo Circulante		**Passivo Exigível a Longo Prazo**	
Bancos	16.000	Empréstimos	6.000
		PL	
		Capital Social	10.000
Total do Ativo	**16.000**	**Total do Passivo + PL**	**16.000**

O balanço demonstra a origem dos recursos, R$10 mil de capital próprio, e R$6 mil tomados no banco, capital de terceiros. Note que ele foi contabilizado como exigível a longo prazo, porque tem seu vencimento acima de 12 meses. No passivo circulante são contabilizadas as dívidas que vencem dentro de 12 meses.

Em seguida, você compra os equipamentos para o quiosque: *freezer* e caixa registradora, por R$8 mil. E gasta mais R$4 mil na compra de balcão e cadeiras.

---

2 A medida provisória 449/08 alterou o plano de contas do Balanço Patrimonial, dessa forma, alguns Balanços ainda permanecem como os expostos neste livro e outros atendem à nova nomenclatura, ou seja, Ativo Não Circulante = Ativo Realizável a Longo Prazo + Ativo Permanente e Passivo Não Circulante = Passivo Exigível a Longo Prazo.

TABELA 5.3 BALANÇO PATRIMONIAL — Quiosque do Sorvete Ltda.

ATIVO		PASSIVO + PL	
Ativo Circulante		**Passivo Exigível a Longo Prazo**	
Bancos	4.000	Empréstimos	6.000
Ativo Permanente		**PL**	
Equipamentos	8.000	Capital Social	10.000
Móveis	4.000		
Total do Ativo	**16.000**	**Total do Passivo + PL**	**16.000**

Note que, como você utilizou os recursos disponíveis, o movimento foi apenas nas contas do ativo.

Você decide que deixará os R$4 mil no caixa, como capital de giro. Consegue um crédito com seu fornecedor de sorvete para ser pago sempre com 30 dias, e compra R$3 mil em mercadoria.

TABELA 5.4 BALANÇO PATRIMONIAL — Quiosque do Sorvete Ltda.

ATIVO		PASSIVO + PL	
Ativo Circulante		**Passivo Circulante**	
Bancos	4.000	Fornecedores	3.000
Estoques	3.000	**Passivo Exigível a Longo Prazo**	
Ativo Permanente		Empréstimos	6.000
Equipamentos	8.000	**PL**	
Móveis	4.000	Capital Social	10.000
Total do Ativo	**19.000**	**Total do Passivo + PL**	**19.000**

Como você conseguiu uma nova fonte de financiamento, ou seja, o seu fornecedor lhe concedeu crédito para pagamento, seu passivo aumentou em R$3 mil, bem como seu ativo. O total do ativo sempre deve ser igual ao total do passivo mais o patrimônio líquido.

Ativo = Passivo + Patrimônio Líquido[3]

ou

Patrimônio Líquido = Ativo - Passivo[4]

Apesar de o seu negócio ser considerado pequeno, ele começa a obter bons lucros, e, com isso, a reserva financeira que você tem no banco está com folga. Então, você decide que não precisa mais mantê-la nesse nível e decide aplicar parte do dinheiro, R$2 mil, em títulos públicos federais com vencimento em dois anos.

TABELA 5.5 BALANÇO PATRIMONIAL — Quiosque do Sorvete Ltda.

ATIVO		PASSIVO + PL	
Ativo Circulante		**Passivo Circulante**	
Bancos	2.000	Fornecedores	3.000
Estoques	3.000	**Passivo Exigível a Longo Prazo**	
Ativo Realizável a Longo Prazo		Empréstimos	6.000
Aplicações Financeiras	2.000	**PL**	
Ativo Permanente		Capital Social	10.000
Equipamentos	8.000		
Móveis	4.000		
Total do Ativo	**19.000**	**Total do Passivo + PL**	**19.000**

Novamente, o movimento foi só nas contas do ativo, ou seja, R$2 mil saíram da conta corrente, circulante, e foram aplicados em títulos a vencer em dois anos, realizável a longo prazo.

Vimos, nesse rápido e didático exemplo, como são preenchidas as principais contas do balanço patrimonial.

---

3 As aplicações devem ser iguais aos recursos.

4 O patrimônio deve ser as aplicações menos as dívidas.

TABELA 5.6 PRINCIPAIS GRUPOS E SUBGRUPOS DO BALANÇO PATRIMONIAL

BALANÇO PATRIMONIAL	
ATIVO	PASSIVO + PL
Ativo Circulante (Até um ano) **Ativo Realizável a Longo Prazo** (Acima de um ano) **Ativo Permanente** (Prazo longo ou indeterminado)	**Passivo Circulante** (Até um ano) **Passivo Exigível a Longo Prazo** (Acima de um ano) **PL** (Prazo indeterminado)

A tabela 5.7 é o balanço patrimonial de uma empresa real. Neste livro, o utilizaremos com um nome fictício de empresa, a Análise SA, que será utilizada ao longo do livro para fins didáticos.

TABELA 5.7 ANÁLISE SA

Balanço Patrimonial **Exercícios findos em 31 de dezembro**	**Em milhares de reais** **2009**	 **2008**
ATIVO CIRCULANTE		
Caixa e equivalentes de caixa	13.221	24.639
Investimentos a curto prazo	6.525	5.394
Contas a receber de clientes	5.643	7.933
Estoques	5.913	9.686
Imposto de renda e contribuição social diferidos	1.492	1.305
Tributos a recuperar ou compensar	2.685	4.886
Outros	2.779	2.216
	38.258	56.059
ATIVO NÃO CIRCULANTE (RLP)		
Empréstimos e financiamentos	286	180
Depósitos judiciais	2.478	1.794

Balanço Patrimonial	**Em milhares de reais**	
Exercícios findos em 31 de dezembro	**2009**	**2008**
Tributos a recuperar ou compensar	1.540	1.067
Outros	3.300	2.084
	7.604	5.125
ATIVO PERMANENTE		
Investimentos	4.590	2.442
Intangíveis	10.127	10.727
Imobilizado	115.160	110.494
	129.877	**123.663**
TOTAL DO ATIVO	**175.739**	**184.847**
PASSIVO CIRCULANTE		
Contas a pagar a fornecedores e empreiteiros	3.849	5.248
Salários e encargos sociais	1.556	1.428
Parcela do circulante de empréstimos de longo prazo	5.305	1.583
Empréstimos e financiamentos	646	1.088
Tributos, contribuições e royalties	256	188
Provisão para imposto de renda	366	1.423
Dividendos e juros sobre o capital próprio	2.907	4.834
Outros	2.531	2.847
	17.416	**18.639**
PASSIVO NÃO CIRCULANTE (ELP)		
Empréstimos e financiamentos	36.126	42.694
Provisões para contingências	3.571	2.989
Imposto de Renda e contribuição social diferidos	7.673	7.105
Debêntures	1.308	886
Fundo de pensão	3.334	3.563
Outros	4.766	6.615

(continua)

(continuação)

Balanço Patrimonial Exercícios findos em 31 de dezembro	Em milhares de reais 2009	 2008
	56.778	**63.852**
Participação de minoritários	**5.808**	**6.081**
PATRIMÔNIO LÍQUIDO		
Capital social	47.434	47.434
Custo de captação de recursos	(161)	(161)
Recursos vinculados à futura conversão mandatória em ações	4.587	3.064
Ajustes de avaliação patrimonial	(21)	8
Ajustes acumulados de conversão	(2.904)	5.982
Reservas de lucros	46.802	39.948
	95.737	**96.275**
TOTAL DO PASSIVO + PATRIMÔNIO LÍQUIDO	**175.739**	**184.847**

Demonstrações de Resultado do Exercício (DRE)

A Demonstração de Resultado do Exercício (DRE) evidencia a formação do resultado da empresa, resumindo de forma vertical a apuração e a confrontação das receitas, e os custos e despesas, pelo regime de competência. É a síntese econômica dos resultados de negócios, a peça que contém a informação mais relevante para os proprietários da empresa: o lucro líquido do exercício.

A demonstração de resultado do exercício apresenta de forma resumida as operações realizadas pela empresa durante o exercício social de um ano. Ela evidencia a eficiência do negócio sob o ponto de vista econômico (regime de competência), não financeiro (regime de caixa), ou seja, se as operações da empresa são rentáveis, sem considerar os pagamentos e recebimentos.

Regime de caixa e regime de competência são dois critérios de avaliações diferentes. No regime de caixa, analisa-se o fluxo de caixa no período, isto é, as entradas e saídas de dinheiro, que não é sinal de lucro ou prejuízo. Por exemplo, se a empresa vendeu à vista um produto que comprou a prazo e ainda não pagou, vai demonstrar uma sobra no caixa que não é exatamente o lucro. O lucro será demonstrado no regime de competência, que registra a operação independentemente de pagamentos e recebimentos.

A apresentação da DRE é bastante lógica e dedutiva. De forma vertical, ela segue os passos em etapas, desde a receita bruta gerada até o lucro líquido. Vejamos na tabela 5.8.

TABELA 5.8 Demonstração de Resultado do Exercício

RECEITA OPERACIONAL BRUTA
(-) Impostos sobre vendas
RECEITA OPERACIONAL LÍQUIDA
(-) Custos dos produtos, mercadorias ou serviços vendidos
LUCRO BRUTO
(-) Despesas com vendas
(-) Despesas administrativas
(-) Despesas financeiras
(-) Outras receitas e despesas operacionais
LUCRO OPERACIONAL
(+) Receitas não operacionais
(-) Despesas não operacionais
LUCRO ANTES DOS IMPOSTOS E CONTRIBUIÇÕES
(-) Imposto de Renda
(-) Contribuição Social Sobre o Lucro
LUCRO LÍQUIDO

Receita Operacional Bruta

A receita bruta decorre das atividades normais e operações da empresa.

- Venda de produtos na indústria;
- Venda de mercadorias no comércio;
- Prestação de serviços nas empresas de serviços.

A receita, conforme já explicado no regime de competência, é registrada independentemente de seu recebimento.

Receita Operacional Líquida

É a receita que efetivamente entra para a empresa operar e gerar lucro. É a receita operacional bruta menos os impostos sobre as vendas (IPI, ICMS, ISS, por exemplo), além de outros itens dedutíveis da receita bruta.

- **Vendas canceladas** – Decorrentes de devoluções por defeito, especificação incorreta e outros motivos justificáveis.
- **Abatimentos** – Decorrentes de descontos concedidos por defeito, produto usado (do mostruário) etc.

Lucro Bruto

O primeiro nível de lucro apurado na DRE é a receita operacional líquida deduzida dos custos de produtos, mercadorias ou serviços prestados.

- **Custos de produtos** – Denominação utilizada para as empresas industriais, que transformam matéria-prima em produtos acabados. Conceitualmente, os custos de fabricação de um produto são: matéria-prima, mão de obra direta e custos indiretos de produção.

Custos dos produtos vendidos	=	Matéria-Prima	+	Mão de obra direta	+	Custos indiretos de produção

- **Custos de mercadoria** – Denominação utilizada para as empresas comerciais, que revendem produtos para o consumidor final. O cálculo desses custos se dá pelo somatório do estoque inicial mais as compras, menos o estoque final do período.

Custos das mercadorias vendidas	=	Estoque Inicial	+	Compras	–	Estoque Final

- **Custos dos serviços prestados** – Para as empresas de serviços, os custos dos serviços prestados é, principalmente, a mão de obra empregada na execução do serviço.

Lucro Operacional

É o lucro bruto menos as despesas operacionais, mais o resultado da equivalência patrimonial. É o nível de lucro em que se observa a eficiência do negócio.

Despesas operacionais

- **Despesas com vendas** – Despesas relacionadas às atividades comerciais: comissões de vendas, salários e encargos da área de vendas, promoção e propaganda etc.
- **Despesas administrativas** – Despesas relacionadas à área administrativa, aluguéis, despesas com escritório, advogados, salários e encargos da área administrativa etc.
- **Despesas financeiras** – Despesas com pagamento de tarifas bancárias e juros por empréstimos, devem ser líquidas de receitas auferidas em aplicações financeiras. Descontos concedidos a clientes, após o faturamento, também são tratados como despesas financeiras, assim como descontos recebidos por antecipação de pagamento a fornecedores.
- **Outras receitas e despesas operacionais** – São as despesas que não se enquadram como vendas, administrativas ou financeiras.

Resultado de equivalência patrimonial

- Conforme explica Prof. José Pereira da Silva[5], atendendo às exigências legais, é o reconhecimento de lucro ou prejuízo na participação em outras empresas.

Lucro Antes dos Impostos e Contribuições

É o lucro operacional somado às receitas e subtraído das despesas não operacionais, ou seja, as que não são parte do objetivo da operação, do negócio.

- **Receitas e despesas não operacionais** – Lucro ou prejuízo em transações eventuais e não operacionais. Por exemplo, a venda de um imóvel da empresa.

Lucro Líquido

Finalmente, depois de computadas as receitas e despesas não operacionais e deduzidos o imposto de renda e a contribuição social sobre o lucro, obteremos o lucro líquido. Esta é a parte que cabe aos acionistas da empresa: parte ficará na empresa como reserva legal e reinvestimentos, e a outra parte poderá ser distribuída como dividendos.

Imposto de Renda sobre o Lucro e Contribuição Social Sobre o Lucro Líquido – São os dois impostos incidentes sobre o lucro que, segundo a Receita Federal[6], podem ser: Lucro Real, Lucro Presumido ou Simples.

Na Tabela 5.9, temos uma DRE real, mas também vamos considerar como a da nossa empresa fictícia, Análise SA.

---

5 Silva, José Pereira da. *Análise Financeira das Empresas*. 7ª ed. São Paulo: Atlas, 2005.

6 www.receita.fazenda.gov.br

TABELA 5.9 ANÁLISE SA

Demonstração de Resultado Exercícios findos em 31 de dezembro	Em milhares de reais 2009	 2008
RECEITA OPERACIONAL BRUTA		
Produto principal	40.478	59.892
Produto secundário	4.217	5.843
Outros produtos e serviços	5.117	7.031
	49.812	**72.766**
Impostos e contribuições sobre vendas e serviços	(1.316)	(2.225)
RECEITA OPERACIONAL LÍQUIDA	**48.496**	**70.541**
Custos dos produtos vendidos e serviços prestados		
Produto principal	(19.498)	(23.804)
Produto secundário	(4.203)	(3.873)
Outros produtos e serviços	(4.019)	(4.479)
	(27.720)	(32.156)
LUCRO BRUTO	**20.776**	**38.385**
Despesas Operacionais		
Despesas com vendas e administrativas	(2.369)	(3.618)
Pesquisa e desenvolvimento	(1.964)	(2.071)
Redução de valor recuperável de ativos intangíveis	-	(2.447)
Outras receitas e despesas operacionais	(3.262)	(2.849)
	(7.595)	**(10.985)**
LUCRO OPERACIONAL ANTES DO RESULTADO FINANCEIRO E DAS PARTICIPAÇÕES SOCIETÁRIAS	**13.181**	**27.400**
Resultado de participações societárias	116	104
Amortização de ágio	-	(1.429)
	116	**(1.325)**
Resultado financeiro líquido	1.952	(3.838)
Ganho (perda) na realização de ativos	93	139

(continua)

(continuação)

Demonstração de Resultado Exercícios findos em 31 de dezembro	Em milhares de reais 2009	 2008
LUCRO ANTES DO IMPOSTO DE RENDA E CONTRIBUIÇÃO SOCIAL	**15.342**	**22.376**
Imposto de Renda e Contribuição Social	(4.925)	(665)
Participações de minoritários	(168)	(432)
LUCRO LÍQUIDO DO PERÍODO	**10.249**	**21.279**

Demonstração do Fluxo de Caixa (DFC)

A Demonstração do Fluxo de Caixa evidencia a situação financeira da empresa no curto prazo. Ela é considerada por muitos analistas um dos principais instrumentos de análise. Este livro a considera e utiliza, e tratará com mais profundidade no Capítulo 7.

Vimos anteriormente que a DRE nos informa se a empresa teve lucro ou prejuízo em um determinado período. Como é elaborada com base no regime de competência, pode ser que seu caixa tenha diminuído, pois considera receitas não recebidas e despesas feitas e não pagas. A DFC é elaborada no regime de caixa e evidencia a circulação do dinheiro pela empresa através da variação de equivalentes de caixa[7].

Existem dois métodos de elaboração da demonstração do fluxo de caixa.

- **Método direto** – Elaborado a partir das movimentações nas disponibilidades, evidencia as entradas e saídas de caixa das atividades operacionais.
- **Método indireto** – Elaborado a partir do lucro ou prejuízo líquido do exercício e da conciliação entre o lucro líquido e o caixa gerado pelas operações.

As diferenças entre os métodos são limitadas ao fluxo das atividades operacionais.

A DFC classifica as movimentações de caixa por categoria de atividades.

---

7 Equivalentes de caixa são aplicações financeiras de curto prazo, de alta liquidez, prontamente conversíveis em um montante conhecido de caixa e que estão sujeitas a um insignificante risco de mudança de valor.

ATIVIDADES OPERACIONAIS

Entradas e saídas de caixa relacionadas à produção e à entrega de produtos, bens e serviços.

ATIVIDADES DE FINANCIAMENTO

Entradas e saídas de caixa relacionadas às dívidas com credores e investidores.

ATIVIDADES DE INVESTIMENTO

Entradas e saídas de caixa relacionadas à compra e à venda de ativos de longo prazo.

Na tabela 5.10, a DFC real da Análise SA.

TABELA 5.10 ANÁLISE SA

Demonstração dos Fluxos de Caixa	Em milhares de reais	
Exercícios findos em 31 de dezembro	2009	2008
Fluxo de caixa das operações		
Lucro líquido do período	10.249	21.279
Ajustes para reconciliar o lucro líquido do período		
Resultado de participações societárias	(116)	1.325
Resultado na realização de ativos	(93)	(139)
Depreciação, amortização e exaustão	5.447	5.112
Imposto de renda e contribuição social diferidos	(66)	(1.392)
Variações monetárias e cambiais líquidas	(6.604)	3.184
Provisão de perda do valor recuperável dos ativos	-	2.447
Baixa de bens do imobilizado	653	740
Perdas (ganhos) líquidos não realizados com derivativos	(2.649)	1.832
Participações de minoritários	168	432
Dividendos sobre capital próprio, recebidos	21	63

(continua)

(continuação)

Demonstração dos Fluxos de Caixa Exercícios findos em 31 de dezembro	Em milhares de reais 2009	 2008
Outros	(47)	233
	6.963	**35.116**
Redução (aumento) nos ativos		
Contas a receber de clientes	2.287	(449)
Estoques	2.766	(2.413)
Tributos a recuperar ou compensar	(1.151)	-
Outros	(559)	(886)
	3.343	**(3.748)**
Aumento (redução) nos passivos		
Contas a pagar a fornecedores e empreiteiros	(51)	1.586
Salários e encargos sociais	112	125
Tributos e contribuições	736	380
Outros	435	(1.272)
	1.232	**819**
Resultado líquido provenientes das atividades operacionais	**11.538**	**32.187**
Fluxo de caixa utilizado nas atividades de investimentos		
Investimentos a curto prazo	(1.131)	(5.394)
Empréstimos e adiantamentos a receber	(1.067)	(4)
Depósitos e garantias	(153)	(295)
Adições em investimentos	(3.422)	(327)
Adições ao imobilizado	(16.108)	(18.716)
Recursos provenientes da alienação de bens do imobilizado	1.200	371
Caixa líquido utilizado na aquisição e aporte em subsidiarias	(4.246)	-
Recursos líquidos utilizados nas atividades de investimentos	**(24.927)**	**(24.365)**
Fluxo de caixa proveniente das atividades de financiamento		

Demonstração dos Fluxos de Caixa	Em milhares de reais	
Exercícios findos em 31 de dezembro	2009	2008
Empréstimos de curto prazo, adições	3.940	2.660
Empréstimos de curto prazo, baixas (?)	(3.624)	(2.669)
Empréstimos e financiamentos captados a longo prazo	6.286	4.053
Emissões de títulos conversíveis em ações	1.858	-
Pagamentos de instituições financeiras	(808)	(1.725)
Dividendos e juros sobre capital próprio pagos a acionistas	(5.381)	(5.827)
Aumento de capital	-	19.273
Ações em tesouraria	(22)	(1.658)
Recursos líquidos provenientes das atividades de financiamentos	**2.249**	**14.107**
Caixa e equivalentes no final do período	**13.221**	**24.639**

No capítulo seguinte, aprenderemos a analisar as informações constantes no Balanço Patrimonial e na Demonstração de Resultados do Exercício. No capítulo 7, utilizaremos essas demonstrações e a Demonstração dos Fluxos de Caixa para encontrar o valor das empresas.

6

Analisando as Demonstrações Financeiras

Análise da Rentabilidade

Retorno Sobre o Patrimônio Líquido (RSPL)

O RSPL (o ROE, *Return On Equity*, em inglês) demonstra qual a rentabilidade do dinheiro investido pelos acionistas da empresa. É quanto, percentualmente, o lucro representa sobre o patrimônio líquido.

$$RSPL = \frac{Lucro\ Líquido}{Patrimônio\ Líquido}$$

O Retorno Sobre o Patrimônio Líquido evidencia quanto a empresa gerou de lucro para cada R$100 investidos pelos acionistas, ou seja, a taxa de retorno sobre o capital próprio. É obtido pelo lucro líquido do período dividido pelo patrimônio líquido do início do exercício, ou seja, o patrimônio líquido do ano anterior.

Vejamos o exemplo da Análise SA.

TABELA 6.1 ANÁLISE SA

Demonstração de Resultado	Em milhares de reais	
Exercícios findos em 31 de dezembro	2009	2008
LUCRO LÍQUIDO DO PERÍODO	10.249	21.279

TABELA 6.2 ANÁLISE SA

Balanço Patrimonial Exercícios findos em 31 de dezembro	Em milhares de reais 2009	 2008
PATRIMÔNIO LÍQUIDO	95.737	96.275

$$RSPL_{Análise\ SA\ 2009} = \frac{10.249}{96.275} = 10{,}65$$

A Análise SA, para cada R$100 de capital próprio em 2009, deu um retorno de R$10,65.

Lucro líquido e patrimônio líquido são dados finais nas demonstrações financeiras, portanto, gerais de toda a operação. Na busca da identificação das áreas responsáveis por esse resultado, a gigante química americana Du Pont[1] criou um modelo que hoje leva o seu nome. O modelo divide o RSPL em três indicadores.

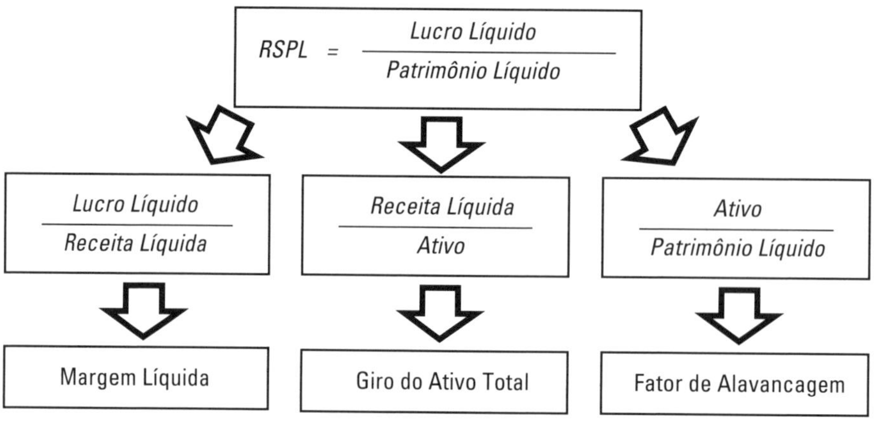

Figura 6.1: Modelo Du Pont

A margem líquida é a rentabilidade sobre as vendas, isto é, quanto de lucro a empresa gerou para cada R$100 em vendas. O giro do ativo total é a capacidade do ativo em gerar vendas, ou seja, quanto a empresa gerou, em vendas, para cada R$100 investidos no ativo.

1 *El du Pont de Nemours and Company.*

O fator de alavancagem é quanto cada unidade monetária de capital próprio consegue alavancar em ativos.

Eliminando matematicamente numeradores com denominadores, obteremos o RSPL.

		Margem Líquida		Giro do Ativo Total		Fator de Alavancagem
RSPL	=	$\frac{\text{Lucro Líquido}}{\cancel{\text{Receita Líquida}}}$	×	$\frac{\cancel{\text{Receita Líquida}}}{\cancel{\text{Ativo}}}$	×	$\frac{\cancel{\text{Ativo}}}{\text{Patrimônio Líquido}}$

$$RSPL = \frac{\text{Lucro Líquido}}{\text{Patrimônio Líquido}}$$

Figura 6.2

Essa decomposição do RSPL dá ao gestor da empresa uma visão das variáveis que influenciam o indicador. Com isso, ele terá flexibilidade para melhorar o resultado atuando nas variáveis isolada ou conjuntamente. Por exemplo, atuando no aumento da produtividade de seus vendedores, ele estará melhorando o giro do ativo total; ou, aumentando o nível de lucro líquido com a mesma receita líquida, aumentará a margem líquida; ou, adquirindo mais ativos financiados com capital de terceiros, estará aumentando o fator de alavancagem. Qualquer dessas ações elevará o seu retorno sobre o patrimônio líquido.

Vejamos o exemplo no relatório de análise da JK Global Partners SA.

Tabela 6.3 ANÁLISE DE INVESTIMENTO

ATIVO	2009	2010	2011
ATIVO CIRCULANTE	**350.927**	**356.880**	**373.468**
Disponibilidades	205.314	193.864	182.680
Clientes	63.827	69.869	83.788
Estoques	64.532	73.396	87.248
Outros	17.254	19.752	19.752

(continua)

(continuação)

ATIVO	2009	2010	2011
REALIZÁVEL A LONGO PRAZO	**12.443**	**12.443**	**12.443**
ATIVO PERMANENTE	**164.006**	**181.909**	**200.956**
Investimentos	–	–	–
Imobilizado Líquido	164.006	181.909	200.956
Diferido Líquido	–	–	–
TOTAL DO ATIVO	**527.376**	**551.232**	**586.867**
PASSIVO	**2009**	**2010**	**2011**
PASSIVO CIRCULANTE	**146.656**	**149.907**	**157.538**
Fornecedores	17.188	19.760	23.490
Impostos e Contribuições Sociais	6.142	6.587	7.830
Outros	36.880	36.880	36.880
Endividamento Oneroso CP	86.446	86.680	89.338
EXIGÍVEL A LONGO PRAZO	**145.650**	**145.827**	**147.466**
Outros	6.861	6.861	6.861
Endividamento Oneroso LP	**138.789**	**138.966**	**140.605**
PATRIMÔNIO LÍQUIDO	**235.070**	**255.440**	**281.733**
TOTAL DO PASSIVO	**527.376**	**551.232**	**586.867**
(=) DÍVIDA LÍQUIDA		**31.782**	**47.263**

DRE	2009	2010	2011
	15,3%	17,8%	11,0%
Receita Líquida	**428.055**	**493.617**	**581.254**
(–) Custo dos Produtos Vendidos	(297.920)	(338.716)	(402.684)
(=) Resultado Bruto	**130.135**	**154.901**	**178.570**
Margem Bruta	**30,40%**	**31,38%**	**30,72%**
(-) Despesas Com Vendas	(44.632)	(51.468)	(56.969)
(-) Despesas Gerais e Administrativas	(36.630)	(42.240)	(46.755)
(-/+) Outras Despesas/Receitas Operacionais	(8.959)	–	–

DRE	2009	2010	2011
(=) EBIT	**39.914**	**61.193**	**74.846**
(=) Margem EBIT	**9,32%**	**12,40%**	**12,88%**
Resultado Financeiro	19.290	(6.834)	(7.231)
Lucro após Resultado Financeiro	59.204	54.359	67.615
(+/–) Resultado da Equivalência Patrimonial		-	-
(+/–) Resultado Não Operacional	-	-	-
(=) LAIR	59.204	54.359	67.615
(+/–) Provisão para I.R. e C.S.	(9.199)	(18.482)	(22.989)
(+/–) IR Diferido	(4.186)	-	-
(+/–) Participações/Contribuições Estatutárias	(1.860)	(1.708)	(2.124)
(+/–) Reversão dos Juros s/ Capital Próprio	-	14.104	14.190
(+/–) Participações Minoritárias	(63)	(58)	(72)
(=) Lucro/Prejuízo Líquido do Exercício	**43.896**	**48.216**	**56.620**
(=) Margem Líquida	**10,25%**	**9,77%**	**9,74%**
Variação do LL - Ano Atual / Ano Anterior (%)		**9,84%**	**17,43%**
Depreciação	13.953	14.097	14.553
(=) EBITDA	**53.867**	**75.290**	**89.398**
Margem EBITDA	**12,58%**	**15,25%**	**15,38%**
ROE		20,51%	22,17%

A empresa analisada melhorou seu RSPL (ROE) de 20,51% em 2010 para 22,17% em 2011, mesmo com a sua margem líquida reduzida de 9,77% para 9,74%, e o fator de alavancagem de 2,16% para 2,08% no mesmo período. O aumento do RSPL se deu pela melhoria no giro sobre o ativo total, que subiu de 89,55% para 99,04%.

Retorno Sobre o Ativo Total (RSA)

O RSA (ou ROA, *Return On Assets*, em inglês) mede a eficiência na alocação dos recursos da empresa. Indica quanto a empresa gera de lucro para cada R$100 investidos no ativo.

$$RSA = \frac{Lucro\ Líquido}{Ativo}$$

Vejamos novamente o indicador da Análise SA.

Tabela 6.4 ANÁLISE SA

Demonstração de Resultado	Em milhares de reais	
Exercícios findos em 31 de dezembro	2009	2008
LUCRO LÍQUIDO DO PERÍODO	10.249	21.279

Tabela 6.5 ANÁLISE SA

Balanço Patrimonial	Em milhares de reais	
Exercícios findos em 31 de dezembro	2009	2008
TOTAL DO ATIVO	175.739	184.847

Em 2008: $RSA_{Análise\ SA} = \frac{21.279}{184,847} = 11,51\%$

Em 2009: $RSA_{Análise\ SA} = \frac{10.249}{175.739} = 5,83\%$

A Análise SA em 2008 conseguiu gerar R$11,51 de lucro líquido para cada R$100 investidos em ativos. Já em 2009, o resultado foi de R$5,83 para cada R$100.

Da mesma forma que o RSPL, o RSA pode ser dividido em dois outros indicadores: a margem líquida e o giro do ativo.

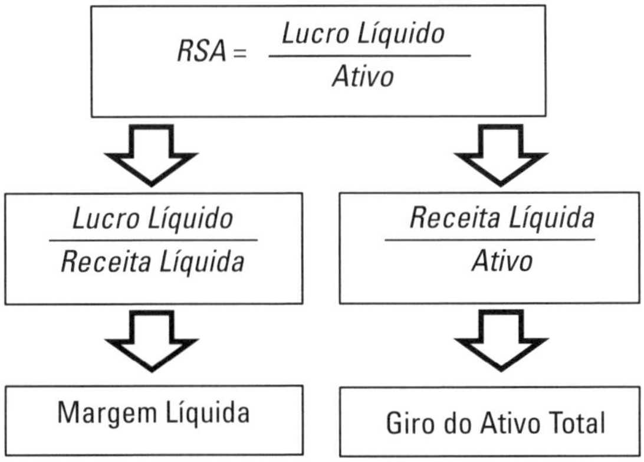

Figura 6.3

Eliminando matematicamente o numerador com o denominador, obteremos o RSA.

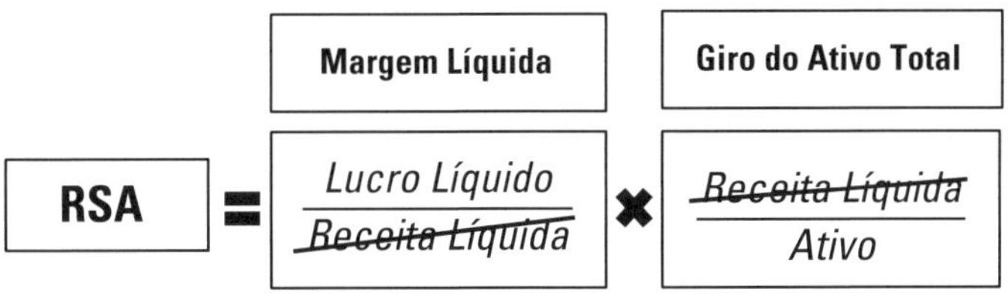

$$RSA = \frac{Lucro\ Líquido}{Ativo}$$

Figura 6.4

Da mesma forma, o gestor poderá atuar sobre as variáveis para melhorar o indicador de retorno sobre o ativo.

Retorno Sobre as Vendas (RSV)

O RSV (ou *Profit Margin on Sales*, em inglês) compara o lucro líquido sobre as vendas líquidas no período, mais conhecido como margem líquida, e fornece o percentual de lucro obtido pela receita líquida.

$$Margem\ Líquida = \frac{Lucro\ Líquido}{Receita\ Líquida}$$

A margem líquida evidencia quanto de lucro líquido a empresa consegue gerar para cada R$100 de receita líquida.

Vejamos quais as margens da Análise SA.

TABELA 6.6 ANÁLISE SA

Demonstração de Resultado	Em milhares de reais	
Exercícios findos em 31 de dezembro	2009	2008
LUCRO LÍQUIDO DO PERÍODO	10.249	21.279

TABELA 6.7 ANÁLISE SA

Demonstração de Resultado	Em milhares de reais	
Exercícios findos em 31 de dezembro	2009	2008
RECEITA OPERACIONAL LÍQUIDA	48.496	70.541

Em 2008: $$Margem\ Líquida_{Análise\ SA} = \frac{21.279}{70.541} = 30{,}17\%$$

Em 2009: $$Margem\ Líquida_{Análise\ SA} = \frac{10.249}{48.496} = 21{,}13\%$$

A Análise SA extraiu R$30,17 de lucro líquido para cada R$100 em vendas líquidas em 2008. Em 2009, o resultado foi um pouco inferior, pois só conseguiu R$21,13 para cada R$100.

A eficiência em gerar lucros através das vendas pode ser medida também por outros dois indicadores.

$$Margem\ Bruta = \frac{Lucro\ Bruto}{Receita\ Líquida}$$

A margem bruta evidencia quanto de lucro bruto a empresa consegue gerar para cada R$100 de receita líquida. Diferentemente da margem líquida, a margem bruta considera o primeiro nível de lucro da Demonstração de Resultados do Exercício. Para que a operação seja rentável, todas as outras despesas e tributos devem ficar abaixo da margem bruta.

$$Margem\ EBITDA = \frac{EBITDA}{Receita\ Líquida}$$

A Margem EBITDA (*Earnings Before Taxes, Interest, Depreciation and Amortization*), lucro antes dos juros, impostos, depreciação e amortização, é muito utilizada em análise de empresas, por medir essencialmente o desempenho operacional. No Brasil, devido a problemas no conceito de lucro operacional, herança do período inflacionário, o lucro operacional é calculado depois da remuneração do capital de terceiros, ou seja, do pagamento de juros.

Para encontrar o EBITDA, é só somar ao lucro operacional constante na Demonstração de Resultados do Exercício as despesas com juros, depreciação e amortização, conforme a própria nomenclatura define. Como é um indicador amplamente utilizado pelo mercado, muitas empresas já o publicam. A DRE da Análise SA, conforme tabela 6.7, já está com esse ajuste.

TABELA 6.8 ANÁLISE SA

Demonstração de Resultado	Em milhares de reais	
Exercícios findos em 31 de dezembro	2009	2008
LUCRO OPERACIONAL ANTES DO RESULTADO FINANCEIRO E DAS PARTICIPAÇÕES SOCIETÁRIAS	13.181	27.400

Vejamos como está a margem EBITDA da empresa:

TABELA 6.9 ANÁLISE SA

Demonstração de Resultado	Em milhares de reais	
Exercícios findos em 31 de dezembro	2009	2008
RECEITA OPERACIONAL LÍQUIDA	48.496	70.541

Em 2008: $$Margem\ EBITDA_{Análise\ SA} = \frac{27.400}{70.541} = 38{,}84\%$$

Em 2009: $$Margem\ EBITDA_{Análise\ SA} = \frac{13.181}{48.496} = 27{,}28\%$$

De cada R$100 de vendas líquidas em 2008, a empresa conseguiu um lucro estritamente operacional de R$38,84. Em 2009, esse resultado caiu para R$27,28.

Vejamos um exemplo de análise de margem bruta e margem EBITDA:

Análise de Investimento – Nêmesis

JK GLOBAL PARTNERS

Resultado Consolidado

Como consequência do crescimento verificado nas operações de implementos e autopeças, a receita líquida consolidada da Nêmesis deve aumentar 25% em 2010 em virtude da recuperação dos mercados de atuação da empresa. Projetamos um crescimento médio anual de 10% ao longo dos anos projetados, até a empresa atingir em 2017 uma receita líquida de R$6.692 milhões. Nosso modelo de projeção consolida as subsidiárias Marte, Urano, Neith, Vulcan e considera o valor adicionado com a entrada da operação da Júpiter, cujo resultado não terá impacto nas vendas consolidadas, com valor incorporado via redução de custos.

A margem bruta consolidada de 27% em 2008, que caiu para 23% em 2009 como consequência do cenário de queda de demanda, deve manter-se beneficiada em 2010, por um lado, pelos ganhos de escala e ampliação de margens, principalmente o segmento de autopeças, e, por outro lado, ainda pressionada por preços reduzidos na crise no segmento de implementos e por aumentos nos preços dos insumos ao longo do ano. Estimamos margem bruta crescente alcançando 26% em 2017. A margem bruta mostra-se dentro do intervalo de margens históricas da empresa, que se situa entre 25% e 33%. O crescimento acentuado das operações da Nêmesis levará a um crescimento médio anual de 12% na geração de caixa até 2017, levando a Nêmesis a um patamar elevado de geração bruta de caixa, de R$1.183 milhões em 2017. Projetamos margem EBITDA crescente, atingindo 18% no último ano da projeção.

Margem Bruta Nêmesis Consolidada

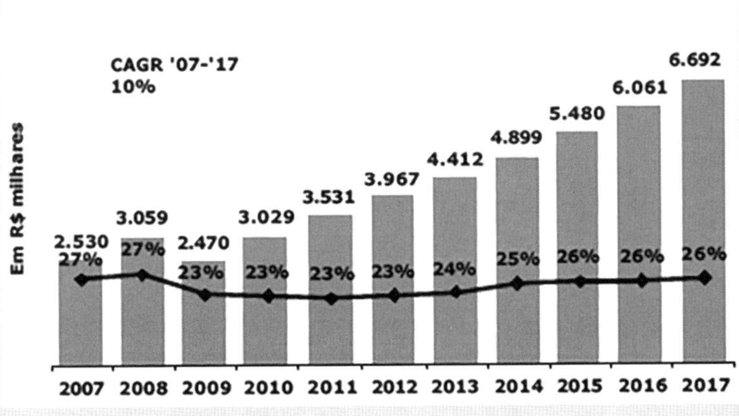

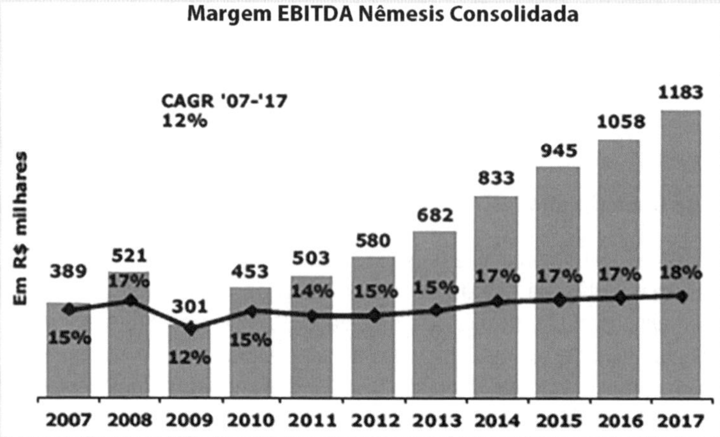

Conduzimos nosso trabalho de avaliação a partir das estimativas de desempenho de cada uma das principais operações do segmento de Implementos e Veículos, que contempla a controladora Nêmesis Implementos, as controladas Nêmesis São Paulo, as operações incorporadas da Nêmesis Veículos e a Nêmesis Argentina. Além disso, somamos o valor de mercado das subsidiárias Neith, Vulcan, Urano e Marte proporcionalmente à participação da holding em cada negócio. Nas operações da controlada Nêmesis Consórcios, mantivemos estáveis os lucros líquidos registrados em 2008 em todos os anos e consideramos múltiplo P/L próximo ao atualmente negociado pela Nêmesis na Bovespa, mesmo se tratando de uma empresa de serviços com tendência a apresentar P/L mais elevado. Precificamos a Júpiter pelo desconto do fluxo de caixa projetado para a empresa e pelo custo de capital utilizado na avaliação da Nêmesis Implementos. **Mantivemos as ações da Nêmesis em nosso portfólio, acreditando que o desempenho ao longo dos próximos anos será positivo, com a esperada recuperação e evolução do mercado brasileiro de veículos pesados e implementos.**

A análise de margens é extremamente importante para avaliar a eficácia operacional da empresa. Sua capacidade de gerar resultados de caixa através de suas competências operacionais, ou seja, a partir de suas receitas de vendas, quanto a empresa consegue gerar de lucro bruto e lucro operacional.

A análise da Nêmesis, no exemplo, mostra que a empresa tem projetado um aumento, ao longo do período de dez anos, na receita líquida, na margem bruta, no lucro operacional (EBITDA) e na margem operacional (margem EBITDA), demonstrando a capacidade de crescimento da empresa com aumento em suas margens.

Análise da Estrutura de Capital

A análise da estrutura de capital de uma empresa é primordial para visualizarmos qual o grau de endividamento frente a suas fontes de recursos.

- Analisar a estrutura de capital é avaliar os riscos do negócio.

Capital de Terceiros – Passivo Total

A relação capital de terceiros frente ao passivo total é um indicador do grau de endividamento da empresa, ou seja, de cada R$100 de recursos captados, quantos foram financiados por terceiros.

Fórmula desse indicador:

$$\frac{CT}{PT} = \frac{Passivo\ Circulante + Exigível\ a\ Longo\ Prazo}{Passivo\ Total}$$

TABELA 6.10 ANÁLISE SA

Balanço Patrimonial	Em milhares de reais	
Exercícios findos em 31 de dezembro	2009	2008
PASSIVO CIRCULANTE	17.416	18.639
PASSIVO NÃO CIRCULANTE (ELP)	56.778	63.852

(continua)

(continuação)

Balanço Patrimonial Exercícios findos em 31 de dezembro	Em milhares de reais 2009	 2008
Participação de minoritários[2]	5.808	6.081
PATRIMÔNIO LÍQUIDO	95.737	96.275
TOTAL DO PASSIVO + PATRIMÔNIO LÍQUIDO	175.739	184.847

$$\frac{CT}{PT} = \frac{80.002}{175.739} = 45{,}52\%$$

O indicador demonstra que, em 2009, do capital total que financia a Análise SA, 45,52% são provenientes de capitais de terceiros.

Capital de Terceiros – Patrimônio Líquido

A relação capital de terceiros frente ao patrimônio líquido indica, de cada R$100 de capital próprio, quantos reais foram captados com terceiros.

A fórmula desse indicador:

$$\frac{CT}{PL} = \frac{\text{Passivo Circulante} + \text{Exigível a Longo Prazo}}{\text{Patrimônio Líquido}}$$

TABELA 6.11 ANÁLISE SA

Balanço Patrimonial Exercícios findos em 31 de dezembro	Em milhões de reais 2009	 2008
PASSIVO CIRCULANTE	17.416	18.639
PASSIVO NÃO CIRCULANTE (ELP)	56.778	63.852

2 Parcela do capital que não está no controle da empresa controladora, e sim de terceiros, devem ser excluídas do Patrimônio Líquido.

Balanço Patrimonial Exercícios findos em 31 de dezembro	Em milhões de reais 2009	 2008
Participação de minoritários	5.808	6.081
PATRIMÔNIO LÍQUIDO	95.737	96.275
TOTAL DO PASSIVO + PATRIMÔNIO LÍQUIDO	175.739	184.847

$$\frac{CT}{PL} = \frac{80.002}{95.737} = 83{,}56\%$$

Em 2009, para cada R$100 aportados pelos acionistas, R$83,56 são aportados por terceiros.

Passivo Circulante – Capital de Terceiros

Também conhecida como perfil de composição da dívida, a relação passivo circulante – capital de terceiros indica a proporção de dívidas de curto prazo frente ao endividamento total com terceiros.

É um importante indicador, pois revela o grau de pressão sobre as dívidas da empresa: quanto maior a proporção de dívidas de curto prazo, maior o risco da empresa.

Sua fórmula é:

$$\frac{PC}{CT} = \frac{Passivo\ Circulante}{Passivo\ Circulante + Exigível\ a\ Longo\ Prazo}$$

TABELA 6.12 ANÁLISE SA

Balanço Patrimonial Exercícios findos em 31 de dezembro	Em milhões de reais 2009	 2008
PASSIVO CIRCULANTE		
	17.416	18.639
PASSIVO NÃO CIRCULANTE (ELP)		
	56.778	63.852
Participação de minoritários	5.808	6.081
PATRIMÔNIO LÍQUIDO		
	95.737	96.275
TOTAL DO PASSIVO + PATRIMÔNIO LÍQUIDO	175.739	184.847

$$\frac{PC}{CT} = \frac{17.416}{80.002} = 21,77\%$$

Em 2009, para cada R$100 em dívidas da Análise SA, R$21,77 são de curto prazo.

Imobilização de Recursos Permanentes

Indicador que revela quanto das dívidas de longo prazo, consideradas permanentes, e do patrimônio líquido está imobilizado nos ativos permanentes. A situação ideal é que os recursos permanentes sejam suficientes para financiar os ativos permanentes e deixar sobras para o ativo circulante. O contrário é uma situação preocupante, pois significa que ativos de longo prazo estão sendo financiados com dívidas de curto prazo.

É como se a empresa estivesse comprando bens de capital, que são utilizados na produção de bens e têm retorno no longo prazo, com financiamentos vencendo dentro de 12 meses.

Sua formula de cálculo é:

$$IRP = \frac{Ativo\ Permanente}{Exigível\ a\ longo\ prazo + Patrimônio\ Líquido}$$

TABELA 6.13 ANÁLISE SA

Balanço Patrimonial Exercícios findos em 31 de dezembro	Em milhões de reais 2009	 2008
ATIVO PERMANENTE		
	129.877	123.663

TABELA 6.14 ANÁLISE SA

Balanço Patrimonial Exercícios findos em 31 de dezembro	Em milhões de reais 2009	 2008
PASSIVO CIRCULANTE		
	17.416	18.639
PASSIVO NÃO CIRCULANTE (ELP)		
	56.778	63.852
Participação de Minoritários	5.808	6.081
PATRIMÔNIO LÍQUIDO		
	95.737	96.275

$$IRP = \frac{129.877}{158.323} = 82{,}03\%$$

Em 2009, de cada R$100 de recursos permanentes, R$82,03 estavam imobilizados no ativo. Isso é um bom sinal e significa que a diferença está financiando o ativo circulante, ou seja, ativos de curto prazo financiados por recursos de longo prazo.

FATOR DE ALAVANCAGEM

É apenas o indicador CT/PL + 1, isto é: quantos reais de capital total a empresa tem para cada real de capital próprio.

Sua fórmula é:

$$FA = \frac{CT}{PL} + 1$$

$$FA = \frac{80.002}{95.737} + 1 = 1{,}84$$

A empresa, em 2009, conseguia alavancar seu capital próprio em 1,84 vezes.

Análise da Liquidez

Os índices de liquidez evidenciam a capacidade que a empresa tem em pagar seus compromissos em diversos níveis de exigência dos ativos disponíveis e liquidáveis.

Segundo Cerbasi[3], há críticas ao uso isolado dos índices de liquidez, pois eles sinalizam de forma quantitativa a capacidade de honrar compromissos. Isso quer dizer que, se uma análise mais profunda e qualitativa for feita, pode-se chegar a conclusões negativas para índices inicialmente positivos.

Por exemplo, a empresa pode ter seu ativo circulante em níveis elevados por competência em gerenciar suas fontes de financiamento, bem como por incompetência em gerenciar seus estoques.

Cabe lembrar que, na busca por maior eficiência e rentabilidade, utilizando o método de DuPont, como já vimos, a empresa adota políticas de otimização de caixa e estoques reduzindo seu ativo circulante e, consequentemente, seus índices de liquidez. A recomendação é de cautela na utilização dos índices de liquidez. Na realidade, nenhuma análise deve ser feita isoladamente.

Todos os indicadores devem ser utilizados analisando o contexto geral.

---

3 Cerbasi, Gustavo; Paschoarell, Rafael, 1974. *Finanças para empreendedores e profissionais não financeiros.* São Paulo: Saraiva, 2007.

Índice de Liquidez Corrente

O Índice de Liquidez Corrente (ILC) indica quantos reais a empresa tem, em disponibilidades de curto prazo, para cada R$1 em dívidas de mesmo prazo. É obtido dividindo-se o ativo circulante pelo passivo circulante.

$$ILC = \frac{Ativo\ Circulante}{Passivo\ Circulante}$$

Se o indicador for maior do que 1, significa que o capital circulante líquido (CCL=A-C-PC) é positivo, ou seja, a empresa possui uma folga financeira. A tabela 6.15 ilustra o balanço patrimonial de uma empresa com folga financeira.

TABELA 6.15

BALANÇO PATRIMONIAL	
ATIVO	PASSIVO + PL
AC — ATIVO CIRCULANTE	PC — PASSIVO CIRCULANTE
Caixa, Bancos Contas a Receber Estoques Outros	Dívidas de curto prazo

Na ilustração, a empresa tem seu ativo circulante maior do que seu passivo circulante. Ela possui recursos disponíveis no curto prazo maiores do que dívidas vencendo no mesmo período.

Exemplo

TABELA 6.16 ANÁLISE SA

Balanço Patrimonial Exercícios findos em 31 de dezembro	Em milhares de reais 2009	 2008
ATIVO CIRCULANTE		
Caixa e equivalentes de caixa	13.221	24.639
Investimentos a curto prazo	6.525	5.394
Contas a receber de clientes	5.643	7.933
Estoques	5.913	9.686
Imposto de renda e contribuição social diferidos	1.492	1.305
Tributos a recuperar ou compensar	2.685	4.886
Outros	2.779	2.216
	38.258	**56.059**
PASSIVO CIRCULANTE		
Contas a pagar a fornecedores e empreiteiros	3.849	5.248
Salários e encargos sociais	1.556	1.428
Parcela do circulante de empréstimos de longo prazo	5.305	1.583
Empréstimos e financiamentos	646	1.088
Tributos, contribuições e royalties	256	188
Provisão para imposto de renda	366	1.423
Dividendos e juros sobre o capital próprio	2.907	4.834
Outros	2.531	2.847
	17.416	**18.639**

$$ILC_{Análise\ SA\ 2009} = \frac{38.258}{17.416} = 2,20$$

A Análise SA tem R$2,2 de disponibilidades de curto prazo, para cada R$1 de dívidas no mesmo período.

Índice de Liquidez Seca

O Índice de Liquidez Seca (ILS) é o Índice de Liquidez Corrente sem os estoques.

A liquidez seca considera que os estoques, apesar de serem disponibilidades de curto prazo, podem não ser vendidos no mesmo prazo em que vencem as dívidas. Portanto, há um risco.

O ILS é obtido dividindo-se o ativo circulante, menos os estoques, pelo passivo circulante. Fórmula abaixo:

$$ILS = \frac{Ativo\ Circulante - Estoques}{Passivo\ Circulante}$$

Se o indicador for maior do que 1, significa que a empresa consegue pagar suas dívidas vincendas até o final do próximo exercício, com as disponibilidades e o "contas a receber".

A tabela 6.17 ilustra a situação.

TABELA 6.17 BALANÇO PATRIMONIAL

ATIVO	PASSIVO + PL
AC - ATIVO CIRCULANTE	PC - PASSIVO CIRCULANTE
Caixa, Bancos **Contas a Receber**	**Dívidas de Curto Prazo**

O Índice de Liquidez Seca é mais conservador, pois elimina o risco de não se vender os estoques a tempo de pagar as dívidas. No exemplo da ilustração, a empresa pagaria as dívidas mesmo sem os estoques.

EXEMPLO:

TABELA 6.18 ANÁLISE SA

Balanço Patrimonial	Em milhares de reais	
Exercícios findos em 31 de dezembro	2009	2008
ATIVO CIRCULANTE		
Caixa e equivalentes de caixa	13.221	24.639
Investimentos a curto prazo	6.525	5.394
Contas a receber de clientes	5.643	7.933
	25.389	37.966
PASSIVO CIRCULANTE		
	17.416	**18.639**

$$ILS_{Análise\ SA} = \frac{25.389}{17.416} = 1,46$$

A Análise SA, mesmo somente com caixa, bancos e contas a receber, tem R$1,46 para cada R$1 de dívidas, estas vencendo até o final do próximo exercício.

Índice de Liquidez Imediata

O Índice de Liquidez Imediata (ILI) é o mais conservador dos índices. Ele considera apenas as disponibilidades imediatas, caixa, bancos e aplicações financeiras, ou seja, somente as contas do ativo circulante que podem ser transformadas em dinheiro imediatamente.

É obtido dividindo-se as contas, caixa, bancos e aplicações financeiras pelo passivo circulante.

$$ILI = \frac{Caixa + Bancos + Aplicações\ Financeiras}{Passivo\ Circulante}$$

A tabela 6.19 ilustra a situação:

TABELA 6.19

BALANÇO PATRIMONIAL	
ATIVO	PASSIVO + PL
AC - ATIVO CIRCULANTE	PC - PASSIVO CIRCULANTE
Caixa, Bancos e Aplicações Financeiras	Dívidas de Curto Prazo

No exemplo dessa ilustração, as disponibilidades imediatas não pagariam o total das dívidas de curto prazo.

Vejamos o exemplo da Análise SA:

TABELA 6.20 ANÁLISE SA

Balanço Patrimonial Exercícios findos em 31 de dezembro	Em milhares de reais 2009	 2008
ATIVO CIRCULANTE		
Caixa e equivalentes de caixa	13.221	24.639
Investimentos a curto prazo	6.525	5.394
	19.746	30.033
PASSIVO CIRCULANTE		
	17.416	**18.639**

$$ILI_{Análise\ SA} = \frac{19.746}{17.416} = 1{,}03$$

Vejam que situação interessante: apesar de, na teoria, ser mais comum as empresas terem um nível de liquidez imediata abaixo de 1, conforme a tabela 6.20, a Análise SA (cabe lembrar que o nome é fictício, mas os dados são de uma empresa real), mesmo somente com caixa, bancos e contas a receber, tem R$1,03 para cada R$1 de dívidas vencendo até o final do próximo exercício.

Isso demonstra a excelente situação da empresa, ou seja, caso deseje pagar todas as suas dívidas do passivo circulante, poderia fazê-lo imediatamente, pois tem liquidez imediata.

Índice de Liquidez Geral

O Índice de Liquidez Geral (ILG) avalia todos os ativos liquidáveis da empresa frente a todas as suas dívidas: ativos e passivos de curto e longo prazo. Representa uma análise a ser feita, principalmente, para empresas que realizam projetos de longo prazo.

É obtido com a soma do ativo circulante mais o ativo realizável a longo prazo, dividido pelo passivo circulante mais o passivo exigível a longo prazo.

$$ILG = \frac{AC + RLP}{PC + ELP}$$

TABELA 6.21

BALANÇO PATRIMONIAL	
ATIVO	PASSIVO + PL
AC – Ativo Circulante RLP – Realizável a Longo Prazo	PC – Passivo Circulante ELP - Exigível a Longo Prazo

O Índice de Liquidez Geral considera a capacidade de a empresa pagar todo capital de terceiros, sua dívida total, com seus ativos liquidáveis.

EXEMPLO:

TABELA 6.22 ANÁLISE SA

Balanço Patrimonial Exercícios findos em 31 de dezembro	Em milhares de reais 2009	 2008
ATIVO CIRCULANTE		
Caixa e equivalentes de caixa	13.221	24.639
Investimentos a curto prazo	6.525	5.394
Contas a receber de clientes	5.643	7.933
Estoques	5.913	9.686
Imposto de renda e contribuição social diferidos	1.492	1.305
Tributos a recuperar ou compensar	2.685	4.886
Outros	2.779	2.216
	38.258	**56.059**
ATIVO NÃO CIRCULANTE (RLP)		
Empréstimos e financiamentos	286	180
Depósitos judiciais	2.478	1.794
Tributos a recuperar ou compensar	1.540	1.067
Outros	3.300	2.084
	7.604	**5.125**
PASSIVO CIRCULANTE		
Contas a pagar a fornecedores e empreiteiros	3.849	5.248
Salários e encargos sociais	1.556	1.428
Parcela do circulante de empréstimos de longo prazo	5.305	1.583
Empréstimos e financiamentos	646	1.088
Tributos, contribuições e royalties	256	188
Provisão para imposto de renda	366	1.423
Dividendos e juros sobre o capital próprio	2.907	4.834
Outros	2.531	2.847

(continua)

(continuação)

Balanço Patrimonial Exercícios findos em 31 de dezembro	Em milhares de reais 2009	 2008
	17.416	**18.639**
PASSIVO NÃO CIRCULANTE (ELP)		
Empréstimos e financiamentos	36.126	42.694
Provisões para contingências	3.571	2.989
Imposto de renda e contribuição social diferidos	7.673	7.105
Debêntures	1.308	886
Fundo de pensão	3.334	3.563
Outros	4.766	6.615
	56.778	**63.852**

$$ILG_{Análise\ SA} = \frac{38.258 + 7.604}{17.416 + 56.778} = 0{,}62$$

Vejam que o Índice de Liquidez Geral da Análise SA em 2009 ficou abaixo de 1. Exemplificando: se a empresa vendesse todos os seus ativos liquidáveis, só pagaria 62% de toda a dívida. Convém notarmos que a liquidez imediata é excelente, e isso demonstra que a maioria de seus recebíveis é de curto prazo, em contraposição com seus exigíveis que são, na maioria, de longo prazo. Este é o perfil típico de empresas com projetos e bens de capital de longo prazo.

Análise da Atividade

Os índices de atividade, também conhecidos como indicadores de atividades operacionais, ou índices de estrutura, ou, ainda, indicadores de prazo médio ou giro, medem a eficiência da empresa em negociar prazos com seus fornecedores e clientes, bem como sua eficácia comercial.

Simplificando: a análise tem o objetivo de medir os prazos de giro da empresa, ou seja, desde a compra da mercadoria do fornecedor e seu pagamento até a venda e recebimento do cliente. A figura 6.5 ilustra todo o ciclo que iremos detalhar nesta seção.

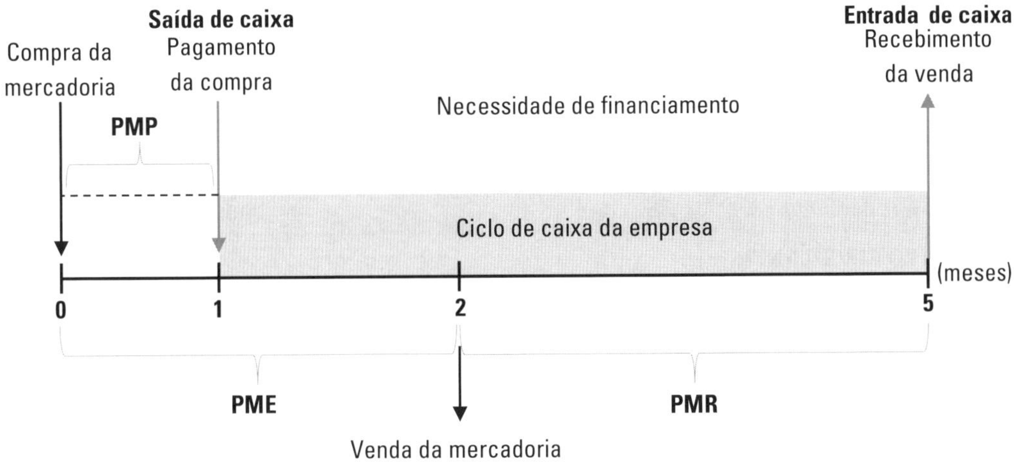

Figura 6.5

O cenário ideal é o da empresa que consegue prazos maiores com os fornecedores, vendas rápidas e prazos menores dados aos clientes. Com isso, seu ciclo de caixa, necessidade de capital de giro, seria bastante reduzido, ou até positivo.

Prazo Médio de Estocagem

O Prazo Médio de Estocagem (PME):

- Empresas comerciais – O tempo médio em dias, da compra da mercadoria até sua venda. Ou o tempo médio necessário até a completa renovação dos estoques.
- Empresas industriais – O tempo em dias de produção e estocagem.

O PME é obtido com a fórmula:

$$PME = \frac{Estoques}{CMV} \times 360$$

O custo das mercadorias vendidas é encontrado na DRE e os estoques no BP.

Vamos calcular o PME da Análise SA.

TABELA 6.23 ANÁLISE SA

Balanço Patrimonial Exercícios findos em 31 de dezembro	Em milhares de reais 2009	 2008
ATIVO CIRCULANTE		
Caixa e equivalentes de caixa	13.221	24.639
Investimentos a curto prazo	6.525	5.394
Contas a receber de clientes	5.643	7.933
Estoques	5.913	9.686
Imposto de renda e contribuição social diferidos	1.492	1.305
Tributos a recuperar ou compensar	2.685	4.886
Outros	2.779	2.216
	38.258	**56.059**

TABELA 6.24 ANÁLISE SA

Demonstração de Resultado Exercícios findos em 31 de dezembro	Em milhares de reais 2009	 2008
RECEITA OPERACIONAL BRUTA		
Produto principal	40.478	59.892
Produto secundário	4.217	5.843
Outros produtos e serviços	5.117	7.031
	49.812	**72.766**
Impostos e contribuições sobre vendas e serviços	(1.316)	(2.225)
RECEITA OPERACIONAL LÍQUIDA	**48.496**	**70.541**
Custos dos produtos vendidos e serviços prestados		
Produto principal	(19.498)	(23.804)
Produto secundário	(4.203)	(3.873)

Demonstração de Resultado Exercícios findos em 31 de dezembro	Em milhares de reais 2009	 2008
Outros produtos e serviços	(4.019)	(4.479)
	(27.720)	(32.156)

$$PME = \frac{5.913}{27.720} \times 360 = 76,8$$

A Análise SA fica com os produtos por 76,8 dias, em média, nos seus estoques. Vejamos: em uma empresa comercial, o prazo é entre a compra da mercadoria e sua venda, caso seja uma empresa industrial, o prazo é entre a produção, a estocagem e a venda.

Prazo Médio de Recebimento

O Prazo Médio de Recebimento (PMR), também conhecido como prazo médio de cobrança, é o tempo médio, em dias, entre a venda e o recebimento. Expressa o poder de pressão dos clientes sobre a empresa.

O PMR é obtido com a fórmula:

$$PMR = \frac{Contas\ a\ receber}{Receita\ Bruta} \times 360$$

EXEMPLO:

TABELA 6.25 ANÁLISE SA

Balanço Patrimonial Exercícios findos em 31 de dezembro	Em milhares de reais 2009	 2008
ATIVO CIRCULANTE		
Contas a receber de clientes	5.643	7.933

TABELA 6.26 ANÁLISE SA

Demonstração de Resultado Exercícios findos em 31 de dezembro	Em milhares de reais 2009	 2008
RECEITA OPERACIONAL BRUTA		
	49.812	72.766

$$PMR = \frac{5.643}{49.812} \times 360 = 40{,}8$$

A Análise SA tem um prazo médio de recebimento de 40,8 dias, isto é, entre a venda e o efetivo recebimento, há um prazo de 41 dias.

Prazo Médio de Pagamento

O Prazo Médio de Pagamento (PMP) é o tempo médio que a empresa tem para pagar a seus fornecedores. Ao contrário do Prazo Médio de Recebimento, expressa o poder de barganha com seus fornecedores.

O PMP é obtido com a fórmula:

$$PMP = \frac{Fornecedores}{Compras} \times 360$$

Para calcular o PMP, precisamos da informação de compras, que não está disponível nas demonstrações financeiras. Mas podemos calcular partindo de informações disponíveis e inferindo que as compras no ano são representadas pelo CMV (Custo das Mercadorias Vendidas), disponível na DRE, mais a variação dos estoques, disponíveis no BP, ou seja, estoque final menos estoque inicial.

$$\text{Compras} = \text{CMV} + \text{Estoque Final} - \text{Estoque Inicial.}$$

EXEMPLO:

TABELA 6.27 ANÁLISE SA

Demonstração de Resultado Exercícios findos em 31 de dezembro	Em milhares de reais 2009	 2008
Custos dos produtos vendidos e serviços prestados		
	(27.720)	(32.156)

TABELA 6.28 ANÁLISE SA

Balanço Patrimonial Exercícios findos em 31 de dezembro	Em milhares de reais 2009	 2008
ATIVO CIRCULANTE		
Estoques	5.913	9.686
PASSIVO CIRCULANTE		
Contas a pagar a fornecedores e empreiteiros	3.849	5.248

$$PMP = \frac{3.849}{27.720 + 5.913 - 9.686} \times 360 = 57,9$$

A Análise SA tem, em média, 58 dias para pagar seus fornecedores.

Ciclo Operacional

A soma dos prazos, PME e PMR, revela o ciclo operacional da empresa. É o prazo total entre a compra da mercadoria até sua venda e recebimento.

No nosso exemplo real, a Análise SA tem um ciclo operacional de 117,6 dias.

Ciclo Financeiro

O ciclo financeiro é o prazo que a empresa tem entre pagar seu fornecedor e receber de seu cliente. Quanto maior esse prazo, maior sua necessidade de capital de giro. Por exemplo, se a empresa compra o produto, paga seu fornecedor e só consegue receber a venda de seu cliente 30 dias depois, então ela necessitará de capital para suprir esses 30 dias entre o pagamento ao fornecedor e o recebimento do cliente.

O ciclo financeiro é encontrado pela fórmula:

$$\textit{Ciclo Financeiro} = \boldsymbol{PME} + \boldsymbol{PMR} - \boldsymbol{PMP}$$

No exemplo da Análise SA, o seu ciclo financeiro é de 59,7 dias. Esta é a sua necessidade de caixa, o tempo entre o dia em que paga a seus fornecedores até receber de seus clientes.

No nosso exemplo, o gráfico da Análise SA seria o seguinte:

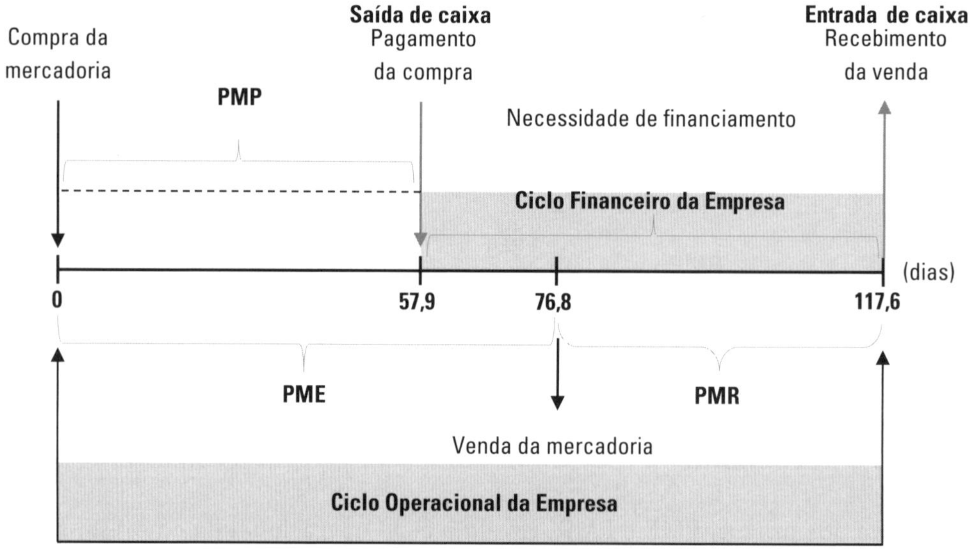

Figura 6.6

Métodos de Análise de Desempenho

Bem, aprendemos até aqui os principais indicadores econômicos e financeiros de uma empresa. Agora vamos ver os métodos mais tradicionais de análise de desempenho: a Análise Vertical e a Análise Horizontal.

Os métodos levam esses nomes pela forma de visualização do resultado. Na vertical, são analisadas as contas das demonstrações verticalmente, mostrando quanto elas representam em relação ao seu referencial. Na horizontal, o quanto as contas representam ao seu referencial passado.

Como já constatamos anteriormente, os indicadores isolados mostram apenas como as contas estão sendo administradas e nos dão uma visão isolada. É preciso interpretá-los em um contexto geral, inclusive com o mercado. Por exemplo, um retorno de 10% sobre o patrimônio líquido é bom ou ruim? Depende. Como é o retorno das empresas do mesmo segmento? Qual a taxa de retorno exigida em seu país de origem?

Outro exemplo: uma empresa vem crescendo 10%, ano após ano, há cinco anos. Excelente, não? Depende. Quanto cresce o seu segmento de mercado, seus concorrentes? Se crescem a taxas superiores a 10%, é sinal de que a empresa está perdendo participação de mercado, falta-lhe competitividade. Em um mercado de alto crescimento, como o de tecnologia, pode ser até um sinal de decréscimo.

Os métodos vertical e horizontal completam-se. São parte de um trabalho de análise, que é necessário, mas não final. Com os resultados encontrados, pode-se chegar a conclusões em que é preciso um aprofundamento na busca de informações para descobrir a origem dos resultados, bons ou ruins.

Mas eles já nos dão uma excelente visão da situação econômica e financeira das empresas, e sinalizam elementos de previsão de tendências.

Análise Vertical

O objetivo da análise vertical é nos dar a participação percentual de cada conta do balanço patrimonial e da demonstração de resultado do exercício em relação ao seu referencial, aferindo a sua importância relativa. Como é uma análise estrutural, permite-nos enxergar eventuais proporções anormais.

Análise Horizontal

O objetivo da análise horizontal é nos dar um exame da evolução histórica de cada item das demonstrações, fazendo uma comparação temporal. Fazendo uma comparação de um período contábil passado para o atual, permite-nos chegar a determinadas conclusões.

Utilizaremos as demonstrações da Análise SA.

TABELA 6.29

ANÁLISE SA	Análise Vertical			
Balanço Patrimonial	Em milhares de reais			
Exercícios findos em 31 de dezembro	**2009**	**AV%**	**2008**	**AV%**
ATIVO CIRCULANTE				
Caixa e equivalentes de caixa	13.221	7,5	24.639	13,3
Investimentos a curto prazo	6.525	3,7	5.394	2,9
Contas a receber de clientes	5.643	3,2	7.933	4,3
Estoques	5.913	3,4	9.686	5,2
Imposto de renda e contribuição social diferidos	1.492	0,8	1.305	0,7
Tributos a recuperar ou compensar	2.685	1,5	4.886	2,6
Outros	2.779	1,6	2.216	1,2
	38.258	**21,8**	**56.059**	**30,3**
ATIVO NÃO CIRCULANTE (RLP)				
Empréstimos e financiamentos	286	0,2	180	0,1
Depósitos judiciais	2.478	1,4	1.794	1,0
Tributos a recuperar ou compensar	1.540	0,9	1.067	0,6
Outros	3.300	1,9	2.084	1,1
	7.604	**4,3**	**5.125**	**2,8**
ATIVO PERMANENTE				
Investimentos	4.590	2,6	2.442	1,3

ANÁLISE SA	Análise Vertical			
Balanço Patrimonial	**Em milhares de reais**			
Exercícios findos em 31 de dezembro	**2009**	**AV%**	**2008**	**AV%**
Intangíveis	10.127	5,8	10.727	5,8
Imobilizado	115.160	65,5	110.494	59,8
	129.877	73,9	123.663	66,9
TOTAL DO ATIVO	**175.739**	**100**	**184.847**	**100**
PASSIVO CIRCULANTE				
Contas a pagar a fornecedores e empreiteiros	3.849	2,2	5.248	2,8
Salários e encargos sociais	1.556	0,9	1.428	0,8
Parcela do circulante de empréstimos de longo prazo	5.305	3,0	1.583	0,9
Empréstimos e financiamentos	646	0,4	1.088	0,6
Tributos, contribuições e royalties	256	0,1	188	0,1
Provisão para imposto de renda	366	0,2	1.423	0,8
Dividendos e juros sobre o capital próprio	2.907	1,7	4.834	2,6
Outros	2.531	1,4	2.847	1,5
	17.416	**8,2**	**18.639**	**10,1**
PASSIVO NÃO CIRCULANTE (ELP)				
Empréstimos e financiamentos	36.126	20,6	42.694	23,1
Provisões para contingências	3.571	2,0	2.989	1,6
Imposto de renda e contribuição social diferidos	7.673	4,4	7.105	3,8
Debêntures	1.308	0,7	886	0,5
Fundo de pensão	3.334	1,9	3.563	1,9
Outros	4.766	2,7	6.615	3,6
	56.778	32,3	63.852	34,5
Participação de minoritários	**5.808**	**3,3**	**6.081**	**3,3**

(continua)

(continuação)

ANÁLISE SA	Análise Vertical			
Balanço Patrimonial	Em milhares de reais			
Exercícios findos em 31 de dezembro	2009	AV%	2008	AV%
PATRIMÔNIO LÍQUIDO				
Capital social	47.434	27,0	47.434	25,7
Custo de captação de recursos	(161)	(0,1)	(161)	(0,1)
Recursos vinculados à futura conversão mandatória em ações	4.587	2,61	3.064	1,7
Ajustes de avaliação patrimonial	(21)	(0,01)	8	0,0
Ajustes acumulados de conversão	(2.904)	(1,7)	5.982	3,2
Reservas de lucros	46.802	26,7	39.948	21,6
	95.737	54,5	96.275	52,1
TOTAL DO PASSIVO + PATRIMÔNIO LÍQUIDO	**175.739**	**100**	**184.847**	**100**

Para essas análises, consideramos o Ativo Total e o Passivo Total como base 100 e encontramos o percentual de participação de cada conta.

A empresa analisada, a Análise SA, possui um ativo total em 2009 de R$175,739 milhões, dos quais 21,8% eram de ativo circulante. No ativo realizável a longo prazo, possui somente 4,3%, enquanto em ativos permanentes possui 73,9%, dos quais 65,5% estão imobilizados. Esses números chamam a atenção, pois há uma proporção muito alta de imobilização de recursos permanentes, ou seja, o patrimônio líquido da empresa representa 54,5% dos recursos totais, menos do que o total de ativos permanentes. Isso pode representar um risco. Por outro lado, os ativos circulantes cobrem com certa folga os passivos circulantes, o que significa que, se for preciso honrar todas as dívidas de curto prazo, a empresa tem disponibilidade para tanto. 11,2% do ativo da empresa tem liquidez imediata, contra 8,2% de dívidas de curto prazo.

A discrepância parece estar na conta "empréstimos e financiamentos" do passivo exigível a longo prazo, ou seja, 20,6% do passivo total está em empréstimos de longo prazo. Por ser uma empresa industrial, faz sentido que tenha um imobilizado bastante representativo, já que empresas industriais geram sua riqueza com os bens de capital do ativo permanente, e é também bastante razoável que se financie com linhas de longo prazo.

Entretanto, por serem números que chamaram a atenção, o analista deve se aprofundar mais nas análises, buscando informações nas notas explicativas que acompanham as demonstrações, e até aprofundando com a área de relações com investidores. Vale a pena entender o perfil dessa dívida e as possibilidades de geração de caixa da empresa.

Quando analisamos mais atentamente o patrimônio líquido, apesar de considerado como recursos permanentes, constatamos que 26,7%, ou R$46,802 milhões, estão na conta reserva de lucros. Isso é dinheiro guardado para reinvestimento.

Vamos continuar a análise na demonstração de resultados do exercício.

TABELA 6.30

ANÁLISE SA	ANÁLISE VERTICAL			
DEMONSTRAÇÃO DE RESULTADO	EM MILHARES DE REAIS			
Exercícios findos em 31 de dezembro	2009	AV%	2008	AV%
RECEITA OPERACIONAL BRUTA				
Produto principal	40.478	59.892		
Produto secundário	4.217	5.843		
Outros produtos e serviços	5.117	7.031		
	49.812	**102,7**	**72.766**	**103,2**
Impostos e contribuições sobre vendas e serviços	(1.316)	(2,7)	(2.225)	(3,2)
RECEITA OPERACIONAL LÍQUIDA	**48.496**	**100**	**70.541**	**100**
Custos dos produtos vendidos e serviços prestados				
Produto principal	(19.498)	(40,2)	(23.804)	(33,7)
Produto secundário	(4.203)	(8,7)	(3.873)	(5,6)

(continua)

(continuação)

ANÁLISE SA	ANÁLISE VERTICAL			
DEMONSTRAÇÃO DE RESULTADO	EM MILHARES DE REAIS			
Exercícios findos em 31 de dezembro	**2009**	**AV%**	**2008**	**AV%**
Outros produtos e serviços	(4.019)	(8,3)	(4.479)	(6,3)
	(27.720)	**(57,2)**	**(32.156)**	**(45,6)**
LUCRO BRUTO	20.776	42,8	38.385	54,4
Despesas Operacionais				
Despesas com vendas e administrativas	(2.369)	(4,9)	(3.618)	(5,1)
Pesquisa e desenvolvimento	(1.964)	(4,1)	(2.071)	(2,9)
Redução de valor recuperável de ativos intangíveis	-	(2.447)	(3,5)	
Outras receitas e despesas operacionais	(3.262)	(6,7)	(2.849)	(4,1)
	(7.595)	**(15,7)**	**(10.985)**	**(15,6)**
LUCRO OPERACIONAL ANTES DO RESULTADO FINANCEIRO E DAS PARTICIPAÇÕES SOCIETÁRIAS	**13.181**	**27,2**	**27.400**	**38,8**
Resultado de participações societárias	116	0,2	104	0,1
Amortização de ágio	-	(1.429)	(2,0)	
	116	**0,2**	**(1.325)**	**(1,9)**
Resultado financeiro líquido	1.952	4,0	(3.838)	(5,4)
Ganho (perda) na realização de ativos	93	0,2	139	0,2
LUCRO ANTES DO IMPOSTO DE RENDA E CONTRIBUIÇÃO SOCIAL	**15.342**	**31,6**	**22.376**	**31,7**
Imposto de Renda e Contribuição Social	(4.925)	(10,2)	(665)	(0,9)
Participações de minoritários	(168)	(0,3)	(432)	(0,6)
LUCRO LÍQUIDO DO PERÍODO	**10.249**	**21,1**	**21.279**	**30,2**

Na demonstração de resultados do exercício, partimos da receita líquida como base 100 e encontramos a participação percentual das contas.

Na análise da demonstração, olhamos para a representatividade das contas frente às receitas de vendas. Observando o comportamento de 2008 para

2009, vemos que as despesas operacionais se mantiveram estáveis, passando de 15,6% para 15,7%. Mas o custo dos produtos vendidos aumentou em 11,6% a sua representatividade, passando de 45,6% em 2008 para 57,2% em 2009, e isso já explica a queda acentuada na margem líquida, de 30,2% em 2008 para 21,1% em 2009.

Faremos outras constatações na análise horizontal.

TABELA 6.31

ANÁLISE SA	ANÁLISE HORIZONTAL		
DEMONSTRAÇÃO DE RESULTADO	EM MILHARES DE REAIS		
Exercícios findos em 31 de dezembro	**2009**	**2008**	**AH%**
RECEITA OPERACIONAL BRUTA			
Produto principal	40.478	59.892	- 32,4
Produto secundário	4.217	5.843	- 27,8
Outros produtos e serviços	5.117	7.031	- 27,2
	49.812	**72.766**	**- 31,5**
Impostos e contribuições sobre vendas e serviços	(1.316)	(2.225)	- 40,9
RECEITA OPERACIONAL LÍQUIDA	**48.496**	**70.541**	**- 31,3**
Custos dos produtos vendidos e serviços prestados			
Produto principal	(19.498)	(23.804)	- 18,1
Produto secundário	(4.203)	(3.873)	8,5
Outros produtos e serviços	(4.019)	(4.479)	- 10,3
	(27.720)	**(32.156)**	**- 13,8**
LUCRO BRUTO	**20.776**	**38.385**	**- 45,9**
Despesas Operacionais			
Despesas com vendas e administrativas	(2.369)	(3.618)	- 34,5
Pesquisa e desenvolvimento	(1.964)	(2.071)	- 5,2
Redução de valor recuperável de ativos intangíveis	-	(2.447)	-
Outras receitas e despesas operacionais	(3.262)	(2.849)	14,5

(continua)

(continuação)

ANÁLISE SA	ANÁLISE HORIZONTAL		
DEMONSTRAÇÃO DE RESULTADO	EM MILHARES DE REAIS		
Exercícios findos em 31 de dezembro	2009	2008	AH%
	(7.595)	(10.985)	- 30,9
LUCRO OPERACIONAL ANTES DO RESULTADO FINANCEIRO E DAS PARTICIPAÇÕES SOCIETÁRIAS	**13.181**	**27.400**	**- 51,9**
Resultado de participações societárias	116	104	11,5
Amortização de ágio	-	(1.429)	-
	116	(1.325)	- 108,8
Resultado financeiro líquido	1.952	(3.838)	150,9
Ganho (perda) na realização de ativos	93	139	- 33,1
LUCRO ANTES DO IMPOSTO DE RENDA E CONTRIBUIÇÃO SOCIAL	**15.342**	**22.376**	**- 31,4**
Imposto de Renda e Contribuição Social	(4.925)	(665)	640,6
Participações de minoritários	(168)	(432)	- 61,1
LUCRO LÍQUIDO DO PERÍODO	**10.249**	**21.279**	**- 51,8**

Na análise horizontal da demonstração de resultados do exercício, notamos que houve uma diminuição drástica nas operações da empresa. Talvez a crise financeira mundial, no final de 2008 e com fortes reflexos em 2009, explique a queda na atividade da empresa, já que a Análise SA exporta grande parte de sua produção. A receita operacional bruta caiu 31,5%. Notemos, porém, que teve um reflexo crescente nas contas da demonstração: 31,5% de queda no faturamento provocaram uma queda de 45,9% no lucro bruto, 51,9% no lucro operacional antes dos juros e 51,8% no lucro líquido. Visivelmente, uma queda abrupta no faturamento provoca resultados fortemente negativos em outras contas. Por ser uma empresa industrial, a Análise SA não tem a flexibilidade de diminuir rapidamente os seus custos para se ajustar a uma situação de forte anormalidade.

TABELA 6.32

ANÁLISE SA	Análise Horizontal		
BALANÇO PATRIMONIAL	EM MILHARES DE REAIS		
Exercícios findos em 31 de dezembro	**2009**	**2008**	**AH%**
ATIVO CIRCULANTE			
Caixa e equivalentes de caixa	13.221	24.639	- 46,3
Investimentos a curto prazo	6.525	5.394	21,0
Contas a receber de clientes	5.643	7.933	- 28,9
Estoques	5.913	9.686	- 39,0
Imposto de renda e contribuição social diferidos	1.492	1.305	14,3
Tributos a recuperar ou compensar	2.685	4.886	- 45,0
Outros	2.779	2.216	25,4
	38.258	**56.059**	**- 31,8**
ATIVO NÃO CIRCULANTE (RLP)			
Empréstimos e financiamentos	286	180	58,9
Depósitos judiciais	2.478	1.794	38,1
Tributos a recuperar ou compensar	1.540	1.067	44,3
Outros	3.300	2.084	58,3
	7.604	**5.125**	**48,4**
ATIVO PERMANENTE			
Investimentos	4.590	2.442	88,0
Intangíveis	10.127	10.727	-5,6
Imobilizado	115.160	110.494	4,2
	129.877	**123.663**	**5,0**
TOTAL DO ATIVO	**175.739**	**184.847**	**- 4,9**
PASSIVO CIRCULANTE			
Contas a pagar a fornecedores e empreiteiros	3.849	5.248	- 26,7

(continua)

(continuação)

ANÁLISE SA	Análise Horizontal		
BALANÇO PATRIMONIAL	**EM MILHARES DE REAIS**		
Exercícios findos em 31 de dezembro	**2009**	**2008**	**AH%**
Salários e encargos sociais	1.556	1.428	9,0
Parcela do circulante de empréstimos de longo prazo	5.305	1.583	235,1
Empréstimos e financiamentos	646	1.088	- 40,6
Tributos, contribuições e royalties	256	188	36,2
Provisão para imposto de renda	366	1.423	- 74,3
Dividendos e juros sobre o capital próprio	2.907	4.834	- 39,9
Outros	2.531	2.847	- 11,1
	17.416	**18.639**	**- 6,6**
PASSIVO NÃO CIRCULANTE (ELP)			
Empréstimos e financiamentos	36.126	42.694	- 15,4
Provisões para contingências	3.571	2.989	19 5
Imposto de renda e contribuição social diferidos	7.673	7.105	8,0
Debêntures	1.308	886	47,6
Fundo de pensão	3.334	3.563	- 6,4
Outros	4.766	6.615	- 28,0
	56.778	**63.852**	**- 11,1**
Participação de minoritários	**5.808**	**6.081**	**- 4,5**
PATRIMÔNIO LÍQUIDO			
Capital social	47.434	47.434	0,0
Custo de captação de recursos	(161)	(161)	0,0
Recursos vinculados à futura conversão mandatória em ações	4.587	3.064	49,7
Ajustes de avaliação patrimonial	(21)	8	- 362,5
Ajustes acumulados de conversão	(2.904)	5.982	- 148,5

ANÁLISE SA	Análise Horizontal		
BALANÇO PATRIMONIAL	EM MILHARES DE REAIS		
Exercícios findos em 31 de dezembro	**2009**	**2008**	**AH%**
Reservas de lucros	46.802	39.948	17,2
	95.737	96.275	- 0,6
TOTAL DO PASSIVO + PATRIMÔNIO LÍQUIDO	**175.739**	**184.847**	**- 4,9**

Na análise horizontal do balanço patrimonial, notamos que a forte queda nas atividades da empresa, de 2008 para 2009, provocou uma diminuição do ativo total de 4,9%. Algumas observações podem ser feitas: houve uma troca no perfil dos ativos, pois a queda de 31,8% no ativo circulante provocou uma elevação de 48,4% no ativo realizável a longo prazo. Talvez, novamente a crise de 2008 explique essa mudança. Provavelmente um aperto nas contas dos clientes fez com que a empresa concedesse mais prazo ou algo parecido. A conta "parcela do circulante de empréstimos de longo prazo" também chama a atenção. A conta teve um aumento de 235%. Nesse caso, ler as notas explicativas é necessário para elucidar esse aumento e a explicação desse empréstimo.

Comentários

Terminamos esse longo capítulo, no qual aprendemos a entender e analisar as demonstrações financeiras e passamos pela análise da rentabilidade com o RSPL, RSA e rentabilidade de vendas. Na análise da estrutura de capital, aprendemos a ver as relações entre as contas do balanço patrimonial, como a empresa se financia e qual seu risco. Com as ferramentas de análise da liquidez, nos capacitamos a entender as relações de disponibilidades e dívidas. Entendendo a atividade da empresa, aprendemos a analisar os ciclos financeiro e operacional, e qual a sua necessidade de capital de giro. Por fim, os métodos de integração de informações das demonstrações financeiras, as análises vertical e horizontal.

É muita informação para pouco livro. Mas, como dito inicialmente, a nossa intenção aqui é apenas mostrar quais as ferramentas disponíveis e utilizadas pelos analistas financeiros e de empresas, e como utilizá-las no processo de análise. Um aprofundamento é sempre útil e necessário e, para aqueles que se interessarem, a literatura citada ao longo dos assuntos aqui tratados é uma excelente fonte de estudos.

Nos próximos capítulos, vamos propriamente à avaliação do valor das empresas.

PARTE III

* * *

EMPRESAS DEVEM CRIAR VALOR

7
Avaliação pelo Fluxo de Caixa

A grande maioria dos investidores se perde na confusão que há sobre como avaliar uma empresa. A profusão de métodos e medidas de avaliação e de estudos acadêmicos confunde a todos sobre qual método escolher.

O professor Roy Martelanc[1] publicou em seu livro uma pesquisa feita pela Apimec (Associação dos Analistas e Profissionais de Investimentos do Mercado de Capitais) em 2001.

> *Na pesquisa, 88% dos avaliadores usam o método do fluxo de caixa descontado e 82% empregam o método dos múltiplos. O fluxo de caixa descontado (FCD) é o método preferido pelos entrevistados, seguido pelo dos múltiplos. O FCD é o mais utilizado pelas empresas de consultoria e pelos bancos de investimento, sendo amplamente difundido no mercado financeiro. É também indicado para avaliação de empresas para fins de Fusões e Aquisições.*

Por ser o método mais utilizado, e confiável, para determinação do valor de uma empresa, neste livro vamos focar nesse conceito. Recomenda-se, porém, que os leitores busquem conhecimento dos outros métodos de avaliação, que ajudam na complementação do entendimento do valor das empresas.

Quanto Sobra "No Caixinha"?

Se perguntarmos para a grande maioria das pessoas quanto vale uma empresa, obteremos as mais diversas respostas, em sua maioria associadas ao valor dos ativos, os recebíveis e, principalmente, os imobilizados.

---

1 Martelanc, Roy – *Avaliação de Empresas: Um guia para fusões & aquisições e "private equity"* / Roy Martelanc, Rodrigo Pasin e Fernando Pereira. São Paulo: *Pearson Prentice Hall*, 2010.

Neste capítulo, vamos entender que o valor de uma empresa é a sua capacidade de gerar lucros. Isso é bastante intuitivo, porque, no final das contas, é o caixa que interessa.

Imagine a seguinte situação. Você tem um pequeno capital e resolve que, em vez de investir em fundos de renda fixa, investirá em algo produtivo, pois sabe que, produzindo, sua possibilidade de retorno é superior. Afinal, os homens e as mulheres mais ricos do planeta são donos de empresas.

Como seu capital inicial é pequeno, você decide investir em um carrinho de pipoca e terá seu ponto em frente a uma escola.

Quando toma essa decisão, você está pensando:

- No retorno de seu investimento na venda do carrinho, caso o negócio não dê certo?
- Nas dívidas que os alunos farão com você, os famosos "fiados"? (Conceito de venda dos recebíveis, na liquidação de empresas.)
- Na venda das panelas e sobras de milho de pipoca, óleo e sal?

Certamente que não. Quando decide abrir o negócio, você calcula quanto será o seu custo mensal e por quanto terá que vender o saquinho de pipoca para, "literalmente", no final das contas, saber "quanto sobra no caixinha".

Se o investimento inicial for de R$10 mil e sobrar líquido no caixa, ao final do mês, R$300, você saberá que é um negócio que lhe dá um retorno de 3% ao mês. Melhor do que a renda fixa. Se quiser continuar prosperando, saberá que é necessário reinvestir parte desse lucro na ampliação de seu negócio para que ele tenha a dinâmica da continuidade, como vimos no Capítulo 5. Vamos imaginar que o negócio prospere e que você consiga se tornar um grande empresário da área de alimentos para entretenimento. Agora que você tem uma grande empresa, deseja encontrar o seu valor. Como fará isso?

O valor de qualquer coisa é o que pagariam por ela. Exatamente como no início, alguém que fosse investir no seu negócio não estaria interessado no valor dos seus ativos (os carrinhos de pipoca), seus recebíveis (as dívidas dos "fiados") ou o valor de liquidação de seu estoque[2] (o milho de pipoca, óleo, sal etc). Estaria interessado, sim, no quanto esses ativos são capazes de gerar lucro. Novamente, no final das contas, é o caixa que interessa, pois de nada vale um monte de ativos que não geram lucros.

O valor operacional de uma empresa deve ser maior do que seu valor patrimonial, do contrário, é melhor vender o patrimônio a continuar operando.

O raciocínio anterior serve para um carrinho de pipoca, uma padaria ou a *Microsoft*[3]. O valor de uma empresa é a sua capacidade de gerar caixa.

Seu valor será a projeção de seus fluxos de caixa futuros trazidos a valor presente, descontada a taxa adequada.

Determinando o Fluxo de Caixa

O primeiro passo na avaliação pelo FCD (Fluxo de Caixa Descontado) é determinar e projetar corretamente os fluxos de caixa da empresa. Os conhecimentos citados no Capítulo 5 serão aqui utilizados. Passaremos passo a passo pelas demonstrações financeiras. Iremos utilizar também os conhecimentos do Capítulo 3, utilizando o conceito de valor presente, e os conhecimentos do Capítulo 4 com as ferramentas de determinação de custo de capital e perpetuidade. A abordagem, para ser didática e de entendimento simplificado, é conceitual e básica. Para aqueles que desejarem aprofundar os conhecimentos, recomendo utilizar a bibliografia citada nesse livro.

Fluxo de Caixa Livre

Antes de partirmos para a determinação do fluxo, cabem algumas conceituações. Apesar de nosso simples exemplo inicial, lucro líquido não é fluxo de caixa e, portanto, são necessários alguns ajustes. Apesar de parecerem semelhantes, enquanto o lucro líquido é em regime de competência, o fluxo de caixa é em regime de caixa, conceitos já abordados anteriormente.

---

2 Obviamente que esses itens seriam avaliados também, não para encontrar o valor da empresa, mas para uma avaliação econômica e financeira de sua saúde, como vimos nos capítulos anteriores.

3 *Microsoft Corporation*

- Para o cálculo do fluxo de caixa, partimos do lucro operacional, após o imposto de renda.
- Depreciações, amortizações e exaustões foram debitadas e devem retornar, pois não refletem saídas efetivas de caixa.
  - » Exemplo: se a empresa compra um equipamento à vista, por R$100 mil, e deprecia linearmente em dez anos, ela terá uma saída de caixa de R$100 mil imediatamente. Porém, a depreciação será contabilizada na DRE, como se fosse uma despesa anual de R$10 mil. O efeito líquido dessa depreciação é a redução na base de pagamentos do IR.
- Considerar as variações no ativo. Como vamos projetar fluxos futuros, as compras de bens de capitais necessárias a essa geração de caixa da empresa devem ser consideradas.
  - » Exemplo: se você quiser seu negócio de pipocas gerando caixa pelos próximos dez anos, deverá continuar renovando seus carrinhos, e esses investimentos no imobilizado geram saídas de caixa.
- Considerar variações no passivo. Ao longo do período avaliado, as necessidades de capital de giro se alteram. Principalmente, se projetamos crescimento da empresa avaliada, devemos então considerar as amortizações[4] e novos financiamentos.
  - » Ao longo do período avaliado, suas necessidades de capital de giro vão se alterando. Por exemplo: se der mais prazo de pagamento para seus clientes, a necessidade de capital de giro aumenta; se receber menos prazo de seus fornecedores, também. Isso é necessidade de financiamento, e as necessidades de capital de giro devem ser consideradas, pois geram alterações no fluxo de caixa.

Essas considerações são evidenciadas nos fluxos de caixa operacional, de investimentos e de financiamentos.

4 Amortizações de empréstimos.

Fluxo de Caixa Operacional

O fluxo de caixa das operações é aquele proveniente da atividade normal da empresa, e é o ponto de partida para se determinar o fluxo de caixa livre. É obtido através da DRE. Para efeitos didáticos, utilizaremos o DRE da Análise SA, mas agora com dados fictícios.

TABELA 7.1

ANÁLISE SA	
Demonstração de Resultado	**Em Milhares de Reais**
	ANO 0
RECEITA OPERACIONAL LÍQUIDA	**100.000**
Custo dos produtos vendidos e serviços prestados	(55.000)
LUCRO BRUTO	**45.000**
Despesas operacionais	
Despesas com vendas	(7.000)
Despesas administrativas	(12.000)
Outras receitas e despesas operacionais	(2.000)
Resultado financeiro líquido	(200)
Depreciação	(1.000)
LUCRO OPERACIONAL	**22.800**
Receitas e despesas não operacionais	(1.200)
LUCRO ANTES DO IMPOSTO RENDA E CONTRIBUIÇÃO SOCIAL	**21.600**
Imposto de Renda e Contribuição Social	(7.344)
LUCRO LÍQUIDO	**14.256**

A variação de contas a receber de clientes, devido a vendas de mercadorias ou prestação de serviços, e a variação de estoques, correspondente a pagamento a fornecedores, devem ser colocadas no fluxo de caixa operacional. Essa variação é conhecida como necessidade de capital de giro.

Cálculo da Necessidade de Capital de Giro

A necessidade de capital de giro pode ser calculada pela seguinte fórmula:

Na qual:

NCG = Necessidade de Capital de Giro
ACO = Ativo Circulante Operacional
PCO = Passivo Circulante Operacional

Vamos entender as variáveis ACO e PCO.

- Ativo Circulante Operacional é o Ativo Circulante menos o Ativo Circulante Financeiro, ou seja: caixa, bancos e aplicações financeiras.
- Passivo Circulante Operacional é o Passivo Circulante menos o Passivo Circulante Financeiro, este representado por empréstimos bancários, financiamentos e dividendos a pagar.

A figura 7.1 ilustra de forma didática.

BALANÇO PATRIMONIAL					
ATIVO			**PASSIVO**		
CIRCULANTE	FINANCEIRO	CAIXA E BANCOS APLICAÇÕES FINANCEIRAS	EMPRÉSTIMOS BANCÁRIOS FINANCIAMENTOS DIVIDENDOS A PAGAR	FINANCEIRO	CIRCULANTE
	OPERACIONAL	VALORES A RECEBER ESTOQUES DESPESAS ANTECIPADAS	FORNECEDORES SALÁRIOS E ENCARGOS IMPOSTOS A RECOLHER	OPERACIONAL	

Figura 7.1

Vamos calcular a necessidade de capital de giro da Análise SA.

TABELA 7.2 ANÁLISE SA

BALANÇO PATRIMONIAL		EM MILHARES DE REAIS	
ATIVO CIRCULANTE	**35.000**	**PASSIVO CIRCULANTE**	**23.000**
Caixa e bancos	3.000	Contas a pagar a fornecedores	15.000
Aplicações financeiras	2.000	Salários e encargos sociais	3.000
Contas a receber de clientes	18.000	Empréstimos e financiamentos	2.000
Estoques	9.000	Dividendos	1.500
Outros	3.000	Outros	1.500
ATIVO NÃO CIRCULANTE (RLP)	**3.000**	**PASSIVO NÃO CIRCULANTE (ELP)**	**2.000**
Empréstimos e financiamentos	1.000	Empréstimos e financiamentos	1.500
Depósitos judiciais	500	Provisões para contingências	100
Tributos a recuperar ou compensar	1.000	Imposto de renda e contribuição social	300
Outros	500	Outros	100
ATIVO PERMANENTE	**22.000**	**PATRIMÔNIO LÍQUIDO**	**35.000**
Investimentos	2.500	Capital social	30.000
Intangíveis	1.500	Reservas de lucros	5.000
Imobilizado	18.000		
TOTAL DO ATIVO	**60.000**	**TOTAL DO PASSIVO**	**60.000**

Conforme definido, pegaremos somente as contas operacionais do ativo circulante e as do passivo circulante.

TABELA 7.3

ATIVO CIRCULANTE OPERACIONAL	**30.000**
Contas a receber de clientes	18.000
Estoques	9.000
Outros	3.000
PASSIVO CIRCULANTE OPERACIONAL	**19.500**
Contas a pagar a fornecedores	15.000
Salários e encargos sociais	3.000
Outros	1.500
NCG - Necessidade de Capital de Giro	**10.500**

$$NCG = 30.000 - 19.500 = 10.500$$

A necessidade de capital de giro da empresa é de R$10,5 milhões.

O fato do valor de contas a receber ser maior do que o de contas a pagar pode gerar uma impressão inicial de que, se tenho mais a receber que a pagar, posso ficar tranquilo. Certo? Errado! Como estamos falando de necessidade de capital de giro, significa que estou dando mais prazo para meus clientes pagarem, enquanto recebo menos prazo de meus fornecedores para pagar. Então, preciso de mais capital de giro. Aprendemos isso no Capítulo 6, Parte II, em análise da atividade no ciclo financeiro da empresa. Lembram-se?

O número que encontramos quer dizer que devemos ajustar esse valor no fluxo de caixa operacional, pois dele a empresa vai consumir R$10,5 milhões em necessidade de capital de giro.

Para calcular o fluxo de caixa operacional, basta retornar os valores da depreciação, da amortização e da exaustão, e a necessidade de capital de giro. (Não é o valor, e sim a necessidade.)

Todos os itens que geram apenas impactos econômicos e não geram entradas ou saídas de caixa devem ser ajustados no fluxo de caixa operacional.

Fluxo de Caixa de Financiamentos

Os fluxos dos financiamentos são referentes aos empréstimos e financiamentos captados pela empresa, incluindo o recebimento dos empréstimos e o desembolso feito nas amortizações de tais dívidas. Nesse grupo, incluem-se, também, os recursos recebidos dos sócios (integralizações de capital em dinheiro) e os dividendos pagos aos acionistas.

Exemplos de fluxos de caixa decorrentes das atividades de financiamento são[5]:

- Caixa recebido pela emissão de ações ou outros instrumentos patrimoniais;
- Pagamentos de caixa a investidores para adquirir ou resgatar ações da entidade;
- Caixa recebido proveniente da emissão de debêntures, empréstimos, títulos e valores, hipotecas e outros empréstimos de curto e longo prazo;
- Amortização de empréstimos e financiamentos, incluindo *debêntures* emitidas, hipotecas, mútuos e outros empréstimos de curto e longo prazo.

Fluxo de Caixa de Investimentos

O fluxo de caixa de investimentos deve considerar os investimentos necessários para manter a geração de caixa da empresa em situações de estabilidade. É mais comum que os investimentos projetados acompanhem as metas de crescimento da empresa. Nessas situações, seus valores costumam ser maiores do que a depreciação. A empresa precisa continuar renovando seus ativos imobilizados para continuar gerando caixa.

Máquinas, equipamentos, móveis e instalações serão trocados e atualizados ao longo da vida das empresas. É um número geralmente dado, pois os gestores definem no planejamento estratégico da empresa os níveis de investimentos. Mesmo assim, os avaliadores costumam calcular o volume necessário de investimentos para assegurar o caixa futuro projetado.

---

5 De acordo com o Pronunciamento Técnico CPC n. 3 (IAS 7 do IASB).

Determinando o Valor da Empresa

Conhecidos os fluxos de caixa da empresa, os operacionais, os de financiamentos e os investimentos, agora vamos determinar o seu valor. Para isso, precisamos projetar os fluxos de caixa futuros.

Projetando o Fluxo de Caixa Futuro

Com os dados do ano "0" da Análise SA, tabela 7.4, vamos projetar os resultados futuros da empresa com base em premissas fictícias, mas dentro de uma lógica. No mundo real das análises, os avaliadores estão sempre munidos de todas as informações necessárias para projetar esses resultados: dados macro e microeconômicos, dados setoriais e, obviamente, a riqueza de informações da própria empresa, ou seja, como se comportam suas receitas, seus custos, despesas, bem como todas as informações de cunho estratégico da empresa avaliada.

Tanto os fluxos de caixa como o custo de capital são reais, ou seja, não foram considerados os efeitos da inflação nas projeções, conceitualmente não há diferenças em se utilizar fluxos e taxas reais ou nominais, desde que ambas sigam o mesmo critério. No caso de moeda real, alguns ajustes na depreciação, capital de giro etc. devem ser feitos, mas, em nosso exemplo, estimamos a depreciação como um percentual da receita líquida e desprezamos as perdas ou ganhos com capital de giro para fins de simplificação.

TABELA 7.4 ANÁLISE SA

Demonstração de Resultado	Em Milhares de Reais
	ANO 0
RECEITA OPERACIONAL LÍQUIDA	**100.000**
Custos dos produtos vendidos e serviços prestados	(55.000)
LUCRO BRUTO	**45.000**
Despesas operacionais	
Despesas com vendas	(7.000)
Despesas administrativas	(12.000)
Outras receitas e despesas operacionais	(2.000)
Resultado financeiro líquido	(200)
Depreciação	(1.000)
LUCRO OPERACIONAL	**22.800**
Receitas e despesas não operacionais	(1.200)
LUCRO ANTES DO IMPOSTO RENDA E CONTRIBUIÇÃO SOCIAL	**21.600**
Imposto de Renda e Contribuição Social	(7.344)
LUCRO LÍQUIDO	**14.256**

Receitas líquidas

Olhando para o histórico da Análise SA, sua participação de mercado — competitividade, planejamento estratégico, crescimento da economia brasileira e das economias sedes de seus maiores clientes —, projetamos os crescimentos anuais pelo período de dez anos.

TABELA 7.5

ANO	0	1	2	3
RECEITA LÍQUIDA	100.000	115.500	138.600	163.548
Taxa de Crescimento		15,5%	20,0%	18,0%

Custos dos produtos vendidos e serviços prestados

Aqui, projetaremos, para efeito de simplificação e para não haver discrepâncias, como se a empresa conseguisse, ao longo do tempo, reduzir a proporcionalidade dos custos em relação à receita, isto é, percentualmente, quanto os custos representam na receita líquida.

TABELA 7.6

ANO	0	1	2	3
Custos dos produtos vendidos	55.000	62.370	73.458	85.045
% da receita líquida	55,0%	54,0%	53,0%	52,0%

	4	5	6	7	8	9	10
	179.903	194.295	204.010	220.331	242.364	259.329	274.889
	10,0%	8,0%	5,0%	8,0%	10,0%	7,0%	6,0%

	4	5	6	7	8	9	10
	91.750	97.148	99.965	105.759	113.911	119.291	123.700
	51,0%	50,0%	49,0%	48,0%	47,0%	46,0%	45,0%

Despesas Operacionais

Também para efeito de simplificação, calibraremos ano a ano a representatividade das despesas operacionais totais. O correto, nos processos de avaliação, é abrir todas as despesas (administrativas, com vendas, financeiras, e outras), analisá-las e projetá-las separadamente.

TABELA 7.7

ANO	0	1	2	3	
Despesas Operacionais	21.200	26.565	30.492	34.345	
% da receita líquida	21,2%	23,0%	22,0%	21,0%	

As depreciações tiveram seus valores projetados sem grandes diferenças, e estão separadas para visualização, já que, na determinação do fluxo de caixa livre, elas voltam ao fluxo.

TABELA 7.8

ANO	0	1	2	3	
Depreciação	1.000	1.155	1.663	2.453	
% da receita líquida	1,0%	1,0%	1,2%	1,5%	

A seguir, a DRE com os fluxos de caixa operacionais projetados para os próximos dez anos. Vamos considerar a alíquota de 25% de IR[6] sobre o lucro, mais a CSLL[7] de 9%. Cabe lembrar que as projeções e os cálculos foram simplificados para efeito didático.

6 IR – Imposto de Renda.

7 CSLL – Contribuição Social Sobre o Lucro Líquido.

	4	5	6	7	8	9	10
	35.981	40.802	44.882	44.066	46.049	51.866	54.978
	20,0%	21,0%	22,0%	20,0%	19,0%	20,0%	20,0%

	4	5	6	7	8	9	10
	2.699	2.914	3.264	3.525	4.363	4.668	4.948
	1,5%	1,5%	1,6%	1,6%	1,8%	1,8%	1,8%

TABELA 7.9

DRE ANÁLISE SA	1	2	3
RECEITA OPERACIONAL LÍQUIDA	115.500	138.600	163.548
Custos dos produtos vendidos	(62.370)	(73.458)	(85.045)
LUCRO BRUTO	53.130	65.142	78.503
Despesas Operacionais	(26.565)	(30.492)	(34.345)
Depreciação	(1.155)	(1.663)	(2.453)
LUCRO OPERACIONAL ANTES DO IR E CSLL	25.410	32.987	41.705
Imposto de Renda e Contribuição Social	(8.639)	(11.216)	(14.180)
LUCRO LÍQUIDO	16.771	21.771	27.525

Com o fluxo de caixa operacional projetado, vamos projetar a NCG para os próximos dez anos. Como as vendas aumentaram, vamos justificar com uma NCG crescente. Também partimos da lógica de que, para redução constante de custos e despesas, a empresa fará investimentos constantes em melhoria da produtividade. Isso consumirá mais ativo imobilizado. O correto é abrir as contas e projetá-las uma a uma, com base em informações concretas.

TABELA 7.10

	1	2	3
ATIVO CIRCULANTE OPERACIONAL	30.150	30.301	30.452
PASSIVO CIRCULANTE OPERACIONAL	19.403	19.305	19.209
NCG Necessidade de Capital de Giro	10.748	10.995	11.243

Para o fluxo de caixa de financiamentos, vamos considerar que o recebimento dos empréstimos e o desembolso, feito nas amortizações de dívidas, assim como as necessidades de integralização de capital e pagamento de dividendos, irão gerar um fluxo de R$2 milhões constantes.

	4	5	6	7	8	9	10
	179.903	194.295	204.010	220.331	242.364	259.329	274.889
	(91.750)	(97.148)	(99.965)	(105.759)	(113.911)	(119.291)	(123.700)
	88.152	97.148	104.045	114.572	128.453	140.038	151.189
	(35.981)	(40.802)	(44.882)	(44.066)	(46.049)	(51.866)	(54.978)
	(2.699)	(2.914)	(3.264)	(3.525)	(4.363)	(4.668)	(4.948)
	49.473	53.431	55.899	66.980	78.041	83.504	91.263
	(16.821)	(18.167)	(19.006)	(22.773)	(26.534)	(28.391)	(31.029)
	32.652	35.265	36.893	44.207	51.507	55.113	60.234

	4	5	6	7	8	9	10
	30.605	30.758	30.911	31.066	31.221	31.377	31.534
	19.113	19.017	18.922	18.828	18.734	18.640	18.547
	11.492	11.740	11.989	12.238	12.488	12.737	12.988

O fluxo de caixa dos investimentos foi projetado com base na decisão do comitê executivo da Análise SA. Em seu planejamento estratégico, decidiu-se investir, pelos próximos dez anos, um valor constante de R$4 milhões.

Com todos os dados, vamos projetar o fluxo de caixa livre da empresa:

$$FCL = FCO + FCF + FCI$$

Nota: o fluxo de caixa operacional é composto pela soma de: 1) lucro líquido; 2) depreciação e outras despesas sem efeito no caixa (amortização e exaustão); e 3) variações das contas patrimoniais circulantes (ou seja, variações da NCG).

Como o fluxo de caixa de financiamentos e o fluxo de caixa de investimentos são saídas de caixa, o sinal se inverte.

Projetados os fluxos de caixa, agora falta trazê-los a valor presente. Para tanto, é necessário calcularmos a taxa de desconto adequada à empresa, que é o seu custo de capital. Vamos utilizar as ferramentas conceituais que aprendemos no Capítulo 4.

TABELA 7.11

	1	2	3	4	5	6	7	8	9	10
LUCRO LÍQUIDO	16.771	21.771	27.525	32.652	35.265	36.893	44.207	51.507	55.113	60.234
(-) NCG	(10.748)	(10.995)	(11.243)	(11.492)	(11.740)	(11.989)	(12.238)	(12.488)	(12.737)	(12.988)
(-) Financiamentos	(2.000)	(2.000)	(2.000)	(2.000)	(2.000)	(2.000)	(2.000)	(2.000)	(2.000)	(2.000)
(-) Investimentos	(4.000)	(4.000)	(4.000)	(4.000)	(4.000)	(4.000)	(4.000)	(4.000)	(4.000)	(4.000)
(+) Depreciação	1.155	1.663	2.453	2.699	2.914	3.264	3.525	4.363	4.668	4.948
FLUXO DE CAIXA LIVRE	1.179	6.439	12.735	17.859	20.439	22.168	29.494	37.382	41.043	46.194

Determinando o Custo de Capital

Como aprendemos no Capítulo 4, vamos trazer os fluxos de caixa futuros a valor presente. Para determinar o valor da empresa, é necessário calcularmos o custo de capital da Análise SA.

Primeiro vamos calcular o custo de capital próprio, cuja fórmula é a do CAPM.

Relembrando a fórmula:

$$R_i = R_f + \beta_i \cdot (R_m - R_f)$$

Na qual:

R_i = Retorno esperado do ativo.
R_f = Taxa livre de risco
β_i = *Beta*
R_m = Retorno da carteira de mercado

O R_i é o retorno que esperamos da empresa em que estamos investindo. É o custo de capital próprio, e você só investirá nessa empresa para obter esse retorno, que é a taxa de risco adequada a esse investimento.

O R_f é a taxa livre de risco. Utilizaremos a taxa dos títulos públicos federais, isto é, a taxa básica de juros que escutamos nos noticiários e que é determinada pelo Banco Central. No caso presente, 11,25%[8].

O $\beta_{i,}$ vamos supor que o da Análise SA seja 1,2 e foi retirada das agências de informações financeiras.

O $R_{m,}$ vamos considerar o retorno do Ibovespa[9] em um período de dez anos, 20,1%.

---

8 Taxa Selic determinada na primeira reunião do Comitê de Política Monetária do Banco Central do Brasil em 2011.

9 Calculado a partir da média do Ibovespa entre 1997 e 2007, calculado anterior à crise de 2008, período utilizado para não distorcer muito a média, em razão da forte volatilidade do índice nos dois anos subsequentes.

O custo de capital próprio é:

$$\text{Custo de Capital Próprio} = 11{,}25 + 1{,}2 \cdot (20{,}1 - 11{,}25)$$

$$\text{Custo de Capital Próprio} = 21{,}87\%$$

Agora, precisamos saber a proporção de capital de terceiros para calcular o WACC, ou CMPC (Custo Médio Ponderado de Capital).

Para isso, vamos recorrer ao balanço patrimonial e aos conhecimentos do Capítulo 7, em análise da estrutura de capital, quando aprendemos a encontrar a relação capital de terceiros x passivo total.

O custo de capital de terceiros é o custo para novas emissões de dívidas. Vamos considerar que a Análise SA tenha acesso às linhas de financiamento do BNDES[10], e que a taxa seja de 9% a.a.

Vamos usar novamente os dados fictícios, neste exemplo: o BP da Análise SA.

TABELA 7.12 ANÁLISE SA

BALANÇO PATRIMONIAL		EM MILHARES DE REAIS	
ATIVO CIRCULANTE	**35.000**	**PASSIVO CIRCULANTE**	**23.000**
Caixa e bancos	3.000	Contas a pagar a fornecedores	15.000
Aplicações financeiras	2.000	Salários e encargos sociais	3.000
Contas a receber de clientes	18.000	Empréstimos e financiamentos	2.000
Estoques	9.000	Dividendos	1.500
Outros	3.000	Outros	1.500
ATIVO NÃO CIRCULANTE (RLP)	**3.000**	**PASSIVO NÃO CIRCULANTE (ELP)**	**2.000**
Empréstimos e financiamentos	1.000	Empréstimos e financiamentos	1.500
Depósitos judiciais	500	Provisões para contingências	100

(continua)

10 BNDES – Banco Nacional de Desenvolvimento Social

(continuação)

BALANÇO PATRIMONIAL		EM MILHARES DE REAIS	
Tributos a recuperar ou compensar	1.000	Imposto de renda e contribuição social	300
Outros	500	Outros	100
ATIVO PERMANENTE	**22.000**	**PATRIMÔNIO LÍQUIDO**	**35.000**
Investimentos	2.500	Capital social	30.000
Intangíveis	1.500	Reservas de lucros	5.000
Imobilizado	18.000		
TOTAL DO ATIVO	**60.000**	**TOTAL DO PASSIVO**	**60.000**

Relembrando a fórmula:

$$\frac{CT}{PT} = \frac{\text{Passivo Circulante} + \text{Exigível a longo prazo}}{\text{Passivo Total}}$$

$$\frac{CT}{PT} = \frac{25.000}{60.000} = 41{,}67\%$$

Ou seja, na estrutura de capital da Análise SA, 41,67% é de capital de terceiros. Logo, 58,33% é de capital próprio.

Com essa informação, vamos calcular o WACC.

Relembrando a fórmula:

$$r_{wacc} = (\,\%CP\ x\ r_p) + (\,\%C3\ \ x\ \ r_3)\ x\ (1 - T)$$

CMPC = (Proporção CP x Custo CP) + (Proporção C3 x Custo C3) x (Benefício Fiscal)

$$WACC_{Análise\ SA} = (\ 58{,}33\%\ x\ \ 21{,}87\%) + (\ 41{,}67\%\ \ x\ 9\%)\ x\ (1 - 34\%)$$

$$WACC_{Análise\ SA} = 15{,}23\%$$

Pronto. Acabamos de determinar o custo médio ponderado de capital da Análise SA. Agora é só ajustar, por essa taxa de risco, os fluxos de caixas livres encontrados.

Obs: notem que o custo médio ponderado de capital ficou bem abaixo do custo de capital próprio, o que demonstra o poder de alavancagem com capital de terceiros.

Ajustando ao Risco

Vamos, antes dos cálculos, entender, pela intuição, o que é ajustar ao risco. Relembrando os conceitos de valor futuro e valor presente, vamos constatar com mais facilidade o que faremos em seguida.

Por exemplo: se você investir R$100 em um título que, daqui a um ano, valha R$110, você está esperando um retorno de 10%, ou seja, simplificando[11]: os R$110, daqui a um ano, equivalem a seus R$100 hoje. Essa é a taxa de risco e, consequentemente, a taxa de retorno esperada. Para investir em outra opção de risco maior, você vai exigir um retorno maior. É isso o que aprendemos até aqui.

Para investir na Análise SA, calculamos qual o risco da empresa e chegamos à taxa de 15,23%. Essa opção de investimento deve dar, no mínimo, a mesma taxa. Então os fluxos futuros da empresa devem ser descontados dessa taxa, para sabermos quais os valores deles hoje.

Então, finalmente, vamos chegar ao valor da empresa.

11 Simplificamos para fins de entendimento, pois se você descontar os 110 da taxa de 10%, o resultado será R$99.

Os fluxos encontrados foram:

Tabela 7.13

	1	2	3	
LUCRO LÍQUIDO	16.771	21.771	27.525	
(-) NCG	(10.748)	(10.995)	(11.243)	
(-) Financiamentos	(2.000)	(2.000)	(2.000)	
(-) Investimentos	(4.000)	(4.000)	(4.000)	
(+) Depreciação	1.155	1.663	2.453	
FLUXO DE CAIXA LIVRE	1.179	6.439	12.735	

Para trazer cada um desses fluxos a valor presente, é só relembrarmos a fórmula:

$$\boldsymbol{VP = \sum_{t=1}^{n} \frac{FC_t}{(1+r)^t}}$$

ou

$$\boldsymbol{VP = \frac{FC_1}{(1+r)^1} + \frac{FC_2}{(1+r)^2} + \frac{FC_3}{(1+r)^3} \cdots \frac{FC_n}{(1+r)^n}}$$

Calculado pela planilha do Excel:

Tabela 7.14

	1	2	3	4	
FCL	1.179	6.439	12.735	17.859	
FCD	990	4.547	7.557	8.906	
ΣFCD	990	5.537	13.094	22.000	

	4	5	6	7	8	9	10
	32.652	35.265	36.893	44.207	51.507	55.113	60.234
	(11.492)	(11.740)	(11.989)	(12.238)	(12.488)	(12.737)	(12.988)
	(2.000)	(2.000)	(2.000)	(2.000)	(2.000)	(2.000)	(2.000)
	(4.000)	(4.000)	(4.000)	(4.000)	(4.000)	(4.000)	(4.000)
	2.699	2.914	3.264	3.525	4.363	4.668	4.948
	17.859	20.439	22.168	29.494	37.382	41.043	46.194

No numerador vão os fluxos de caixas anuais, ano 1, 2, 3 etc. A taxa "r" do denominador é o custo médio ponderado do capital que acabamos de calcular, o WACC.

$$\boldsymbol{VP} = \frac{\mathbf{1.179}}{(\mathbf{1}+\mathbf{0,1523})^{\mathbf{1}}} + \frac{\mathbf{6.439}}{(\mathbf{1}+\mathbf{0,1523})^{\mathbf{2}}} + \frac{\mathbf{12.735}}{(\mathbf{1}+\mathbf{0,1523})^{\mathbf{3}}} \cdots \frac{\mathbf{46.194}}{(\mathbf{1}+\mathbf{0,1523})^{\mathbf{10}}}$$

O resultado do somatório desses fluxos de caixa, descontados, é:

$$VP = 73.084$$

	5	6	7	8	9	10
	20.439	22.168	29.494	37.382	41.043	46.194
	8.565	7.806	8.728	9.296	8.577	8.112
	30.565	38.371	47.099	56.395	64.972	73.084

Na planilha do Excel, a sequência é: os fluxos de caixa livres ano a ano, os fluxos de caixa descontados e o somatório dos fluxos de caixa descontados.

Finalmente, para chegarmos ao valor da empresa, só falta o cálculo da perpetuidade, ou seja, o valor que encontramos é para os fluxos dos próximos dez anos. Essa não é uma empresa que acabará em dez anos. Lembrem-se: investimos sempre em empresas que julgamos estarem operando pelos próximos 50 anos. Vamos considerar que, a partir do 11º ano, a empresa estabilizará a sua geração de caixa, ou seja, sem taxa de crescimento.

Relembrando a fórmula da perpetuidade:

$$\boldsymbol{Perpetuidade} = \frac{\boldsymbol{FC_1}}{(\boldsymbol{r} - \boldsymbol{g})}$$

É importante lembrar que a perpetuidade se dá a partir do ano 10. Então, o primeiro fluxo é o do ano 11, fluxo que deverá ser trazido a valor presente para o ano 10, para depois ser trazido a valor de hoje.

Vamos agora ao cálculo da perpetuidade, ou valor terminal.

$$\boldsymbol{Perpetuidade} = \frac{\mathbf{46.194}}{(\mathbf{15,23\%} - \mathbf{0\%})}$$

$$\boldsymbol{Perpetuidade} = \mathbf{303.309}$$

O valor da perpetuidade no ano 10 é de R$303.309.

Vamos agora trazê-lo do ano 10 para o presente.

$$\boldsymbol{VP} = \frac{\boldsymbol{FC_{10}}}{(\mathbf{1} + \boldsymbol{r})^{\mathbf{10}}}$$

$$\boldsymbol{VP} = \frac{\mathbf{303.309}}{(\mathbf{1} + \mathbf{0,1523})^{\mathbf{10}}}$$

$$\boldsymbol{VP} = \mathbf{73.490}$$

O valor dos fluxos de caixa em perpetuidade vale, no presente, R$73.490.

Agora é só somar o valor presente da perpetuidade ao valor presente dos fluxos de caixa futuros, e teremos o valor da empresa.

$$Valor\ da\ Empresa_{Análise\ SA} = 73.084 + 73.490$$

$$Valor\ da\ Empresa_{Análise\ SA} = 146.574 \text{ milhões}$$

Comentários

Neste capítulo, tratamos exclusivamente da avaliação pelo fluxo de caixa, um assunto enriquecedor e que creio ser do interesse de todos os investidores. A maior dúvida no mercado é exatamente como comprar ações com segurança, creio que a grande maioria não tem a menor ideia do valor de uma ação, ou de como chegar nesse valor. Um enorme número de participantes desse mercado, que acreditam estar investindo, na realidade não sabem o que fazem: por que compram. A qual valor. E se o preço que pagam é condizente com o valor da empresa. Espero que o aprendizado deste capítulo traga um conhecimento de como se move o valor das empresas e como calculá-lo.

Encerramos aqui a parte de finanças deste livro. Todos os assuntos aqui tratados foram bastante resumidos e genéricos, pelo que recomendo novamente a bibliografia referenciada para quem quiser se aprofundar nos estudos de avaliação de empresas.

PARTE IV

* * *

VANTAGEM COMPETITIVA

8
Planejamento Estratégico Empresarial

Quando Michael E. Porter[1] escreveu "Estratégia Competitiva[2]" e introduziu sua metodologia para análise da indústria e da concorrência, o livro passou a ser leitura obrigatória nas escolas de negócios. Logo depois, escreveu, como uma sequência do sucesso, "Vantagem Competitiva[3]", mostrando como as empresas podem criar, utilizar e gerenciar de fato as estratégias competitivas.

Warren Buffett diz que o segredo dos investimentos reside em encontrar empresas que tenham uma vantagem competitiva de longo prazo, pois isso assegura o baixo risco nos fluxos futuros de caixa da empresa.

O que se quer dizer é que o método de avaliação de empresas pelo fluxo caixa descontado é matemático, como vimos. Mas o que garante a acuracidade dos fluxos futuros projetados é bastante óbvio: a empresa vai conseguir realizar as suas metas? Elas foram agressivas? Realísticas? Os seus gestores vão entregar o lucro projetado? Muitas incertezas poderão surgir no horizonte, e as projeções de lucros feitas podem começar a se desviar do desejado. Na realidade, o que garante não só uma boa margem de lucro, mas também se ele será entregue ou não é se a empresa tem uma vantagem competitiva de longo prazo que assegure o fluxo projetado.

1 Michael Eugene Porter leciona na *Harvard Business School*, é consultor de grandes corporações em todo o mundo e colunista do *The Wall Street Journal*.

2 Porter, Michael E. — *Competitive Strategy: Techniques for Analyzing Industries and Competitors*, New York: The Free Press, 1980.

3 Porter, Michael E., 1947 – *Vantagem Competitiva: Criando e Sustentando um Desempenho Superior*. Rio de Janeiro: Campus, 1990.

Neste capítulo, veremos que o que faz algumas empresas melhores do que outras são as estratégias competitivas adotadas, pois são elas que determinam o nível de rentabilidade obtida.

O Que Determina a Rentabilidade

Quando estamos analisando as empresas, a primeira pesquisa a ser feita é do ambiente de investimento, conforme vimos no Capítulo 1.

Ao analisarmos o ambiente setorial, surgem as seguintes questões:

- Por que um setor industrial é mais lucrativo do que outro?
- Dado um setor industrial, por que alguns grupos de empresas são mais lucrativos do que outros?
- Dados um setor industrial e um grupo de empresas, por que uma empresa é mais lucrativa do que outra?

Segundo Porter, o que determina a rentabilidade de uma empresa é a atratividade da indústria[4]. As regras de concorrência dessa indústria é que afetam a rentabilidade. A estratégia competitiva efetiva é a que consegue modificar as regras a seu favor. Essas regras são o que ele batizou de cinco forças: o poder de negociação dos compradores, o poder de negociação dos fornecedores, a ameaça de novos entrantes, a ameaça de produtos substitutos e a rivalidade entre as empresas do setor (figura 8.1).

4 Em marketing e estratégia, indústria tem o sentido de setor.

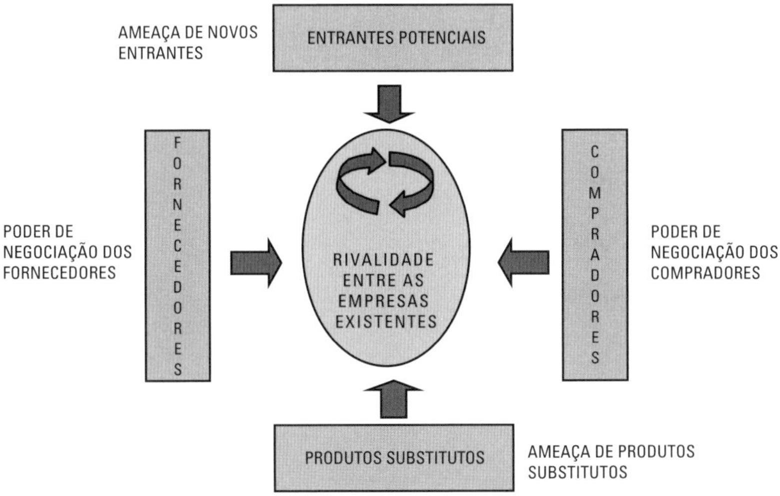

Figura 8.1 O Modelo das 5 Forças

A intensidade com que as cinco forças agem sobre as empresas do setor determinam sua rentabilidade. É até bastante intuitivo. Vejamos cada força separadamente.

Entrantes Potenciais

A ameaça de novos entrantes é uma preocupação constante da indústria, pois sempre existe a possibilidade de novas empresas entrarem e conquistarem o seu mercado. Essa constante ameaça de entrada faz com que a indústria limite seus próprios preços e module os investimentos necessários para deter os novos entrantes, criando, assim, barreiras de entrada, mas também reduzindo sua própria rentabilidade.

A indústria pode criar diversas barreiras para afastar a ameaça de novos entrantes. São elas:

- Institucionais
  - » Regulação específica e restritiva do segmento.
- Custos de mudança
  - » Ativos altamente especializados para operar.

- Diferenciação do produto
  - » Custos altos para gerar diferenciação.
- Acesso aos canais de distribuição
  - » Logística complexa.
- Tecnologia patenteada
  - » Patente em vigor.
- Curva de experiência
  - » Custos de aprendizado.
- Economia de escala
  - » Acesso a custos muito baixos.
- Necessidade de capital
  - » Investimentos iniciais proibitivos.

» INSTITUCIONAIS
» CUSTOS DE MUDANÇA
» DIFERENCIAÇÃO DO PRODUTO
» ACESSO AOS CANAIS DE DISTRIBUIÇÃO
» TECNOLOGIA PATENTEADA
» CURVA DE EXPERIÊNCIA
» ECONOMIA DE ESCALA
» NECESSIDADE DE CAPITAL

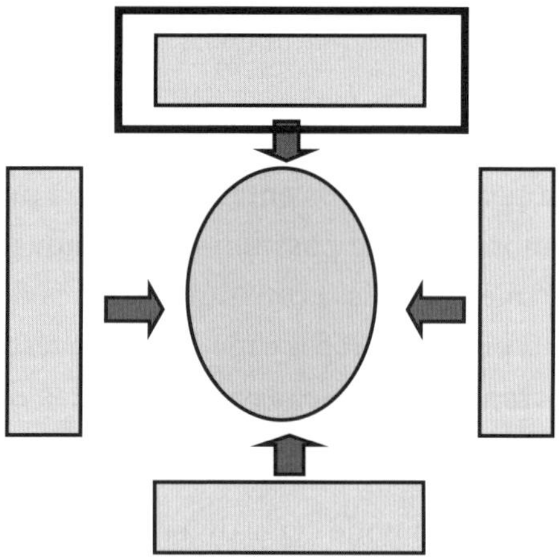

Figura 8.2 Barreiras de Entrada

Rivalidade entre as empresas existentes

Quanto maior a intensidade da rivalidade, menor será a rentabilidade. O valor eventualmente criado por elas será dissipado por meio de preços mais baixos para conquistar clientes.

A intensidade dessa rivalidade é determinada por:

- Concorrentes numerosos
  - » Por óbvio, quanto mais concorrentes, maior a rivalidade.
- Ausência de diferenciação
  - » Produtos transformados em commodities.
- Crescimento lento
  - » Segmento não cresce: sem base maior de clientes, a rivalidade aumenta.
- Ausência de custos de mudança
  - » Como não há custos de mudanças, os concorrentes podem aumentar.
- Custos fixos altos
  - » Não há muita possibilidade de ganhos marginais, ou reduções de preço.
- Barreiras de saída elevadas

» CONCORRENTES NUMEROSOS
» AUSÊNCIA DE DIFERENCIAÇÃO
» CRESCIMENTO LENTO
» AUSÊNCIA DE CUSTOS DE MUDANÇA
» CUSTOS FIXOS ALTOS
» BARREIRAS DE SAÍDA ELEVADAS

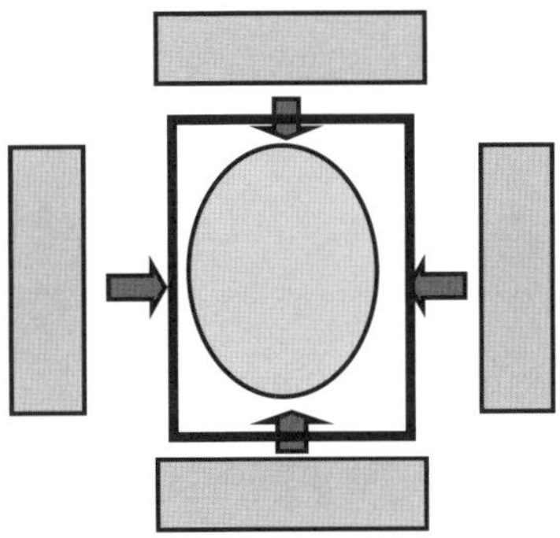

Figura 8.3 Intensidade da Rivalidade

As barreiras de saída são aquelas que impossibilitam as empresas de sair e buscar segmentos com menor rivalidade e mais rentáveis.

- Custos fixos de saída
  - » Desmobilizar toda estrutura tem um custo muito alto.
- Inter-relações estratégicas
  - » A empresa tem sua cadeia de valor relacionada com o segmento.
- Ativos especializados
  - » Os ativos da empresa são exclusivos desse segmento. Ex: laboratório de análises clínicas, siderúrgicas, indústria farmacêutica etc.
- Barreiras emocionais
  - » O nome já diz: há fortes laços emocionais com o setor.

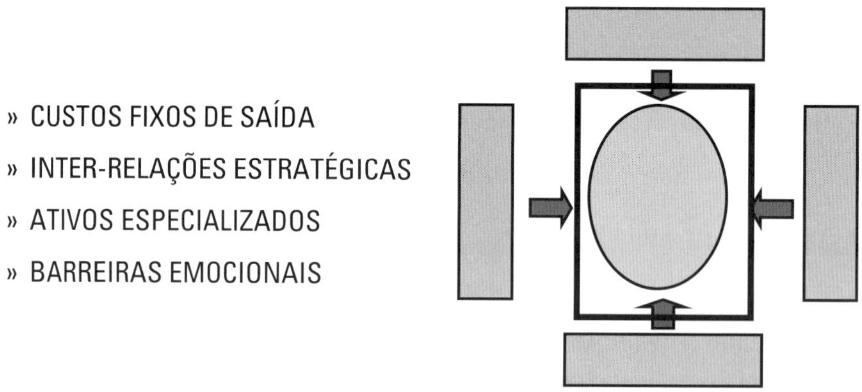

Figura 8.4 Barreiras de Saída

O PODER DE NEGOCIAÇÃO DOS FORNECEDORES

Se esse poder for grande, essencialmente vai determinar o custo dos insumos e matérias primas, e pode até transferir para o fornecedor o valor criado pelas empresas. Sua pressão é sempre por preços maiores e qualidades menores, o que mina a rentabilidade das empresas.

Os fornecedores são poderosos se:

- Concentrados
  » Quanto menos fornecedores, maior seu poder de barganha.
- Não tem substitutos
  » Seu produto é único.
- Fornece produtos diferenciados ou suscetíveis a custos de mudança
  » Seus produtos são melhores e trocá-los gera um alto custo.

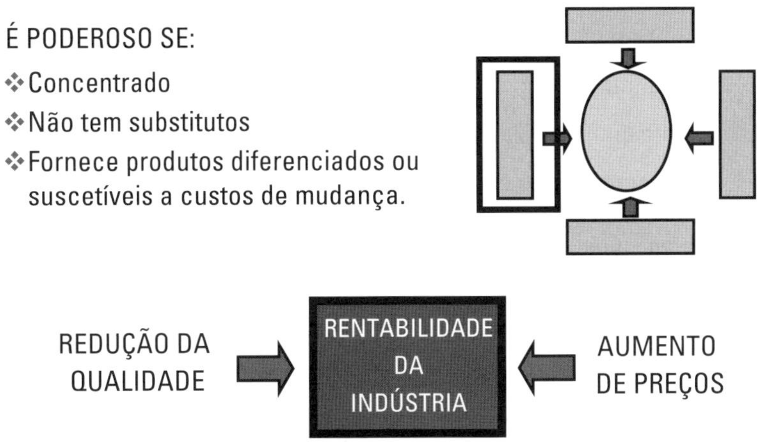

Figura 8.5 Poder de Negociação dos Fornecedores

O poder de negociação dos compradores

Talvez o mais intuitivo, o poder de negociação dos compradores influencia os custos e investimentos porque exigem cada vez mais serviços dispendiosos, transferindo grande parte do valor criado para eles próprios, deixando as empresas com retornos muito baixos. Ao contrário dos fornecedores, eles sempre querem produtos com mais qualidades e menores preços, além de jogar com os concorrentes.

Os compradores são poderosos se:

- Concentrados
  - » Quanto maior o comprador, menores os preços exigidos.
- Compram grandes volumes
  - » Existem compradores que compram toda produção dos fornecedores.
- Experimentam baixos custos de mudança ou ausência de diferenciação
  - » Mudar de fornecedor não gera custos e seus produtos são commodities.

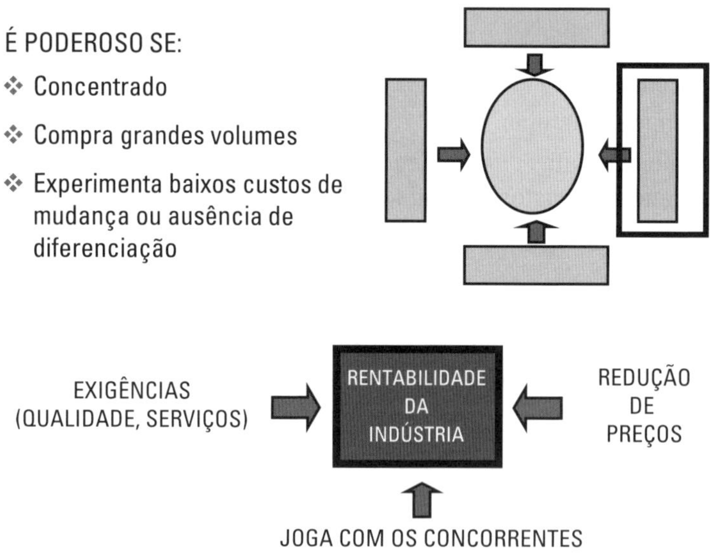

Figura 8.6 Poder de Negociação dos Compradores

Ameaça de produtos substitutos

A constante ameaça por produtos substitutos coloca um teto no valor que o comprador está disposto a pagar pelos produtos das empresas estabelecidas nessa indústria, e isso limita a sua rentabilidade. O mercado está constantemente comparando os produtos para trocá-los, ou ensinar à empresa. Em marketing, há uma regra que diz: o melhor cliente é o que reclama, pois está disposto a continuar com a empresa e suas críticas a ensinam a melhorar. O que não reclama nem entra nas estatísticas de insatisfeitos, já trocou o fornecedor.

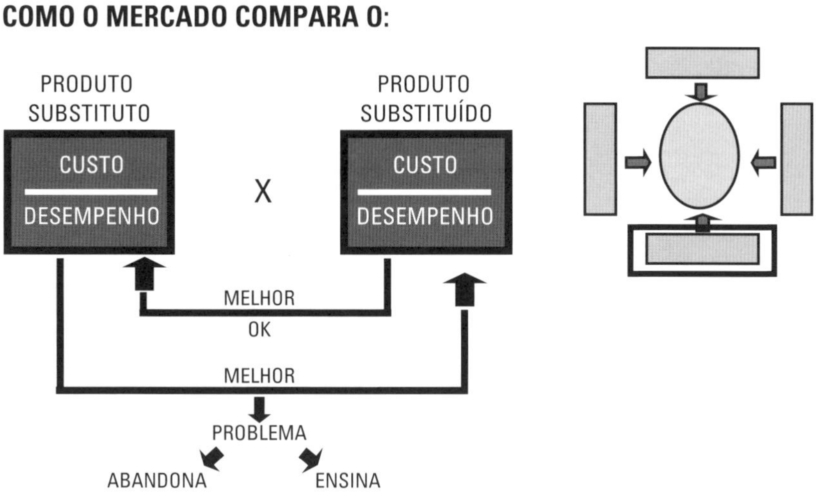

Figura 8.7 Pressão de Produtos Substitutos

As cinco forças descritas no livro de Michael Porter estão aqui detalhadas de forma didática. Em resumo, são as principais forças de mercado que agem determinando a rentabilidade das indústrias. A constatação de sua valia é que, se forem diagnosticadas corretamente, darão às empresas subsídios para a formulação de seu planejamento estratégico.

Portanto, um setor industrial é mais lucrativo do que outro, grupos de empresas são mais lucrativos do que outros, e uma empresa é mais lucrativa do que outra, porque adotam estratégias diferentes.

Estratégias Empresariais

Estratégias Genéricas

- Vantagem Competitiva x Escopo de Mercado

Estratégias Competitivas

- Captam as diferenças possíveis entre as opções estratégicas ligadas diretamente ao atingimento de resultados.

Estratégias Genéricas

Figura 8.8 Estratégias Genéricas

Na estratégia genérica, as empresas definem suas duas dimensões para atingir rentabilidades superiores.

DIMENSÕES:

- Baixo Custo x Diferenciação.
- Escopo de Mercado Amplo x Estreito.

Liderança em Custo Total

- As que adotam um escopo de mercado amplo e baixo custo estão buscando a liderança em custo total. Temos como exemplo as grandes empresas de varejo[5], com grandes lojas, em todo país, oferecendo os preços mais baixos.

Liderança em Diferenciação

- As que adotam um escopo de mercado amplo e diferenciação estão buscando a liderança em diferenciação. O exemplo mais conhecido é o do Mc Donald's, que está praticamente em todas as grandes e médias cidades do mundo, e não tem foco em vender barato, pelo contrário, o preço de seus sanduíches estão acima da média. Mas vendem muito e são líderes pela diferenciação.

Enfoque Baseado em Custo

- As que adotam um escopo de mercado estreito e baixo custo estão com a estratégia de enfoque em baixo custo. Como exemplo, a companhia Azul Linhas Aéreas, que está focada em linhas regionais, oferecendo os menores preços.

Enfoque Baseado em Diferenciação

- Por final, as empresas que selecionam um escopo de mercado estreito e diferenciação estão buscando a estratégia de enfoque em diferenciação. Como exemplo, a rede de lojas de eletrodomésticos e eletrônicos *Fast Shop*, que atua em locais selecionados vendendo uma experiência de diferenciação para seus clientes.

A expressão ***Stuck In The Middle***, para os profissionais de *marketing*, se refere àqueles que não se enquadram em nenhumas das estratégias genéricas, ou seja, estão perdidos ou posicionados a meio-termo, migrando entre as estratégias.

5 Em *marketing*, costumamos dizer que não existe líder em custo, e sim comandante, pois a liderança está constantemente alternando.

Na figura 8.9 abaixo, um gráfico[6] ilustra os resultados das estratégias selecionais.

Na estratégia de liderança em custos totais, as empresas apresentam custos menores do que a média do setor, porém, margens maiores.

Na estratégia de liderança em diferenciação, as empresas apresentam custos e margens maiores do que o setor e do que a estratégia de custos totais.

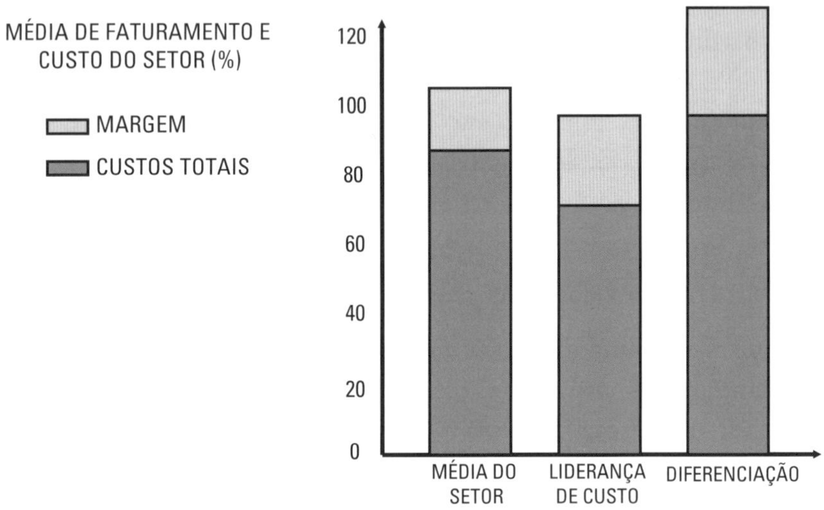

Figura 8.9 Estratégias Genéricas e os Resultados

Estratégias Competitivas

Para entender as estratégias competitivas, vamos utilizar o modelo das cinco forças. Apresentaremos um exemplo real de um estudo de planejamento estratégico, feito por este autor, na indústria financeira em 1997. Os nomes dos bancos, por sigilo, serão omitidos.

Foi constatado nesse estudo que diversos grupos de empresas apresentaram médias de retornos sobre o investimento significativamente diferentes. Intuitivamente, sabemos que se há empresas com retornos diferentes, é porque

6 Apenas ilustrativos.

fazem algo diferente. Obviamente, a explicação para retornos médios diferentes é porque adotaram estratégias competitivas diferentes.

O próximo passo foi encontrar quais estratégias faziam realmente a diferença na busca por maiores retornos. Foram pesquisadas as estratégias mais adotadas pelo setor.

Exemplos das dimensões de estratégias competitivas adotadas:

- Especialização.
- Qualidade do produto.
- Liderança tecnológica.
- Integração vertical.
- Política de canais.
- Seleção dos canais.
- Alavancagem.
- Política de preços.
- Atendimento.
- Identificação de marcas.

Dentre todas as estratégias observadas no setor, foram selecionadas as mais utilizadas.

- Atendimento.
- Seleção de canais.
- Liderança tecnológica.
- Política de preço.
- Identificação de marcas.

Cabe aqui uma explicação da peculiaridade do conceito de preço na indústria financeira: bancos vendem dinheiro e o preço do dinheiro é a taxa de juros.

Exemplo: quando você precisa utilizar o limite de seu cheque especial, você está na realidade comprando dinheiro, e o banco está lhe vendendo esse dinheiro cobrando um preço, que é a taxa de juros. Então, estratégia de política de preço para bancos é o nível de taxa que cada um pratica.

Em seguida, foi criada uma tabela, e os clientes dos bancos, com base em suas percepções do serviço (estratégias), atribuíram notas de 1 a 5, sendo 1 a mais baixa.

Conforme a figura 8.10, em atendimento, o banco com a maior nota, ou seja, o melhor atendimento reconhecido pelos clientes, foi o banco "C" com nota 5; e a menor, 2, foi atribuída aos bancos "B", "D" e "F" .

EMPRESAS DA INDÚSTRIA FINANCEIRA: A,B,C,...
DIMENSÕES CANDIDATAS: Atendimento, Seleção de canais, Liderança Tecnológica, etc.

EMPRESA / DIMENSÕES	A	B	C	D	E	F
ATENDIMENTO	**3**	**2**	**5**	**2**	**4**	**2**
SELEÇÃO DE CANAIS						
LIDERANÇA TECNOLÓGICA						
POLÍTICA DE PREÇO						
IDENTIFICAÇÃO DE MARCAS						

Figura 8.10 Seleção de Estratégias Competitivas Relevantes

Foram atribuídas notas para todas as estratégias. E depois, selecionadas as mais relevantes na visão de seus clientes.

Para a indústria de bancos, as estratégias de "atendimento", "liderança tecnológica" e "política de preço" foram as mais relevantes, o que significa que são as formadoras de decisão na hora do cliente escolher a instituição que quer utilizar.

Na figura 8.11, estão as notas atribuídas a todos os serviços pelos clientes.

EMPRESAS DA INDÚSTRIA FINANCEIRA: A,B,C,...
DIMENSÕES CANDIDATAS: Atendimento, Seleção de canais, Liderança Tecnológica, etc.

EMPRESA / DIMENSÕES	A	B	C	D	E	F
ATENDIMENTO	**3**	**2**	**5**	**2**	**4**	**2**
SELEÇÃO DE CANAIS	4	3	4	2	4	5
LIDERANÇA TECNOLÓGICA	**4**	**3**	**3**	**2**	**3**	**5**
POLÍTICA DE PREÇO	**2**	**4**	**2**	**3**	**2**	**4**
IDENTIFICAÇÃO DE MARCAS	5	1	4	4	3	5

Figura 8.11 Seleção de Estratégias Competitivas Relevantes

Com as notas atribuídas às três estratégias, foi criado um gráfico em três dimensões para definir o espaço estratégico.

Espaço Estratégico

O espaço estratégico é o posicionamento relativo às dimensões estratégicas. Por exemplo, se determinada empresa privilegia mais uma estratégia em detrimento de outras, ela estará localizada em um espaço estratégico mais próximo da estratégia escolhida.

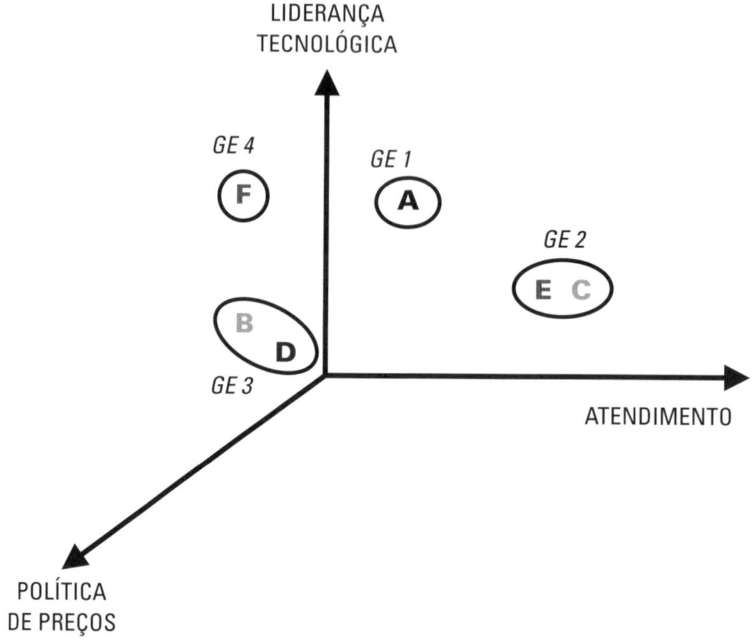

Figura 8.12 Construção do Espaço Estratégico

Para simplificar[7], o gráfico serve apenas para nos revelar o posicionamento das empresas nas dimensões de estratégias escolhidas.

Note que as notas do banco "F", definido como GE4 (Grupo Estratégico 4), foram: 2, em "atendimento", 5 em "liderança tecnológica" e 4 em "política de preços", o que posiciona o banco no espaço estratégico mais próximo de sua maior nota, e mais longe, até negativo, de sua menor nota.

O espaço estratégico é o posicionamento estratégico que as empresas escolheram para atingir suas metas. Por isso, os grupos estratégicos são formados por:

- Opções estratégicas próximas.
- RSPL's[8] próximos.

---

7 Como construir um gráfico tridimensional não é relevante para o raciocínio.

8 RSPL – Retorno Sobre o Patrimônio Líquido.

- Participação de mercado próxima (conceito de marketing, market *share*, por exemplo: 10% de participação).

Os grupos estratégicos existem porque têm pontos fortes e fracos diferentes.

Decisões Estratégicas

O grupo estratégico que adotou as melhores decisões estratégicas foi aquele que obteve um retorno médio superior. Para encontrar a relação das estratégias competitivas com essa desigualdade de retornos, é só fazer as contas aplicando as cinco forças, conforme a figura 8.13.

Atribuiu-se uma nota de 1 a 5, novamente, sendo 1 a mais baixa, para a intensidade de cada uma das cinco forças sobre cada grupo estratégico.

Vejam o GE1: o poder de negociação dos fornecedores[9] exerce uma força de intensidade 2 sobre esse grupo, enquanto o poder de negociação dos compradores é de intensidade 1, muito fraca. A rivalidade entre as empresas do setor é alta para o grupo, a ameaça de novos entrantes é de intensidade 5, e a ameaça de produtos substitutos é de intensidade 2.

A totalização da soma de intensidades das forças sobre as empresas resulta em qual grupo estratégico sofre menos pressão dessas forças.

Como vimos no estudo das cinco forças, quanto maior a pressão das forças, menor a rentabilidade; e quanto menor, maior a rentabilidade. O estudo se confirmou com a realidade. O GE4 é o grupo sob menor pressão e foi o grupo com maior retorno sobre o patrimônio líquido.

---

9 Fornecedores de banco são aqueles clientes que investem e depositam recursos; e compradores, os que tomam empréstimos e financiamentos.

ANÁLISE DAS 5 FORÇAS

	GE 1	GE 2	GE 3	GE 4
PNF	2	3	2	2
PNC	1	3	2	1
RIV	4	3	4	4
ANE	5	4	4	2
APS	2	3	2	3
TOTAL	14	16	14	12

Figura 8.13 Planejamento Estratégico

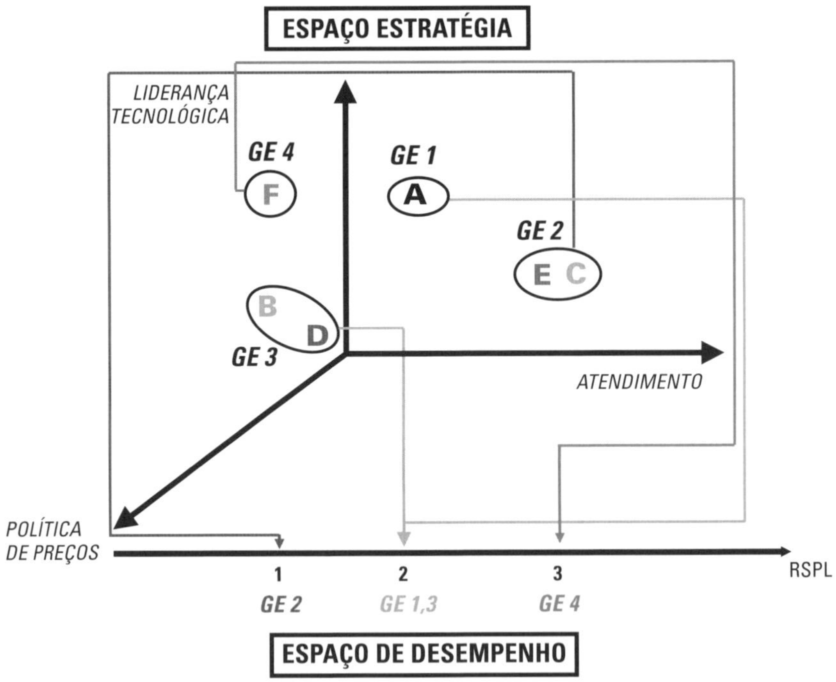

Figura 8.14 Melhores Decisões Estratégicas

Conclusão

O planejamento estratégico que utiliza o modelo das cinco forças nos revelou quais as estratégias competitivas, dentre as existentes e utilizadas, que são capazes de anular com mais eficácia a intensidade com que essas forças atuam, reduzindo a rentabilidade das empresas.

A constatação das estratégias correntes não invalida a necessidade das empresas demonstrarem sua criatividade dinâmica para criar novas estratégias competitivas incessantemente.

Em um mercado cada vez mais competitivo, o planejamento estratégico das empresas é imprescindível, não só para sua sobrevivência, mas para liderar cada vez mais o seu mercado e atingir a rentabilidade esperada pelo acionista.

Uma vantagem competitiva de longo prazo é garantida pelas estratégias competitivas adotadas e, principalmente, criadas a partir de uma visão detalhada de como suprir as necessidades de mercado com maior rentabilidade.

Desde os primórdios, existem vantagens competitivas inegáveis: vender um produto exclusivo, geralmente protegido por patentes (nesse caso, a empresa precisa estar preparada para enfrentar a concorrência quando a patente se extinguir). Prestar um serviço exclusivo (se não estiver protegido por propriedade intelectual, a exclusividade também termina um dia). Ou comprar e vender a baixo custo algo que os consumidores sempre irão precisar. Essas e outras vantagens são criadas pelo planejamento estratégico na escolha das estratégias competitivas. O importante é entender que é preciso estar sempre analisando as empresas para monitorar sua capacidade de se manter à frente de seus concorrentes.

Nos Capítulos 5 e 6, aprendemos a entender e analisar as demonstrações financeiras. Nelas também podemos identificar a intensidade das cinco forças de Porter através das margens praticadas, o nível de poder dos fornecedores e compradores, estes principalmente. Já a intensidade das forças de produtos substitutos, novos entrantes e rivalidade entre as empresas necessitam de análises mais profundas.

PARTE V

* * *

FINAL

Analisando a Análise – Um Caso Real[1]

Aprendidos os conceitos básicos da análise fundamentalista, vamos agora interpretar um relatório de análise da empresa St. Gallen[2], elaborado em novembro de 2017 pela JK Global Partners SA, que projeta o valor da empresa para dezembro de 2018[3].

1 O relatório da JK Global Partners SA é real, porém, o nome da empresa foi substituído por um nome fictício e foram alterados alguns números proporcionalmente por questões de confidencialidade, mas mantém a lógica e a essência da análise para aprendizagem.

2 Empresa fictícia.

3 O relatório deve ser utilizado apenas para aprendizagem do conteúdo deste livro, não devendo em momento algum ser interpretado como recomendação de investimento.

Análise de Investimento – St. Gallen

JK GLOBAL PARTNERS

Preço atual - 14/11/2017	R$19,84
Preço projetado Dez'18	R$24,17
Ações emitidas	16.000.000
Free Float	29,70%
Valor de mercado (BRL)	317.440.000
Valor da firma (BRL)	67.243.757

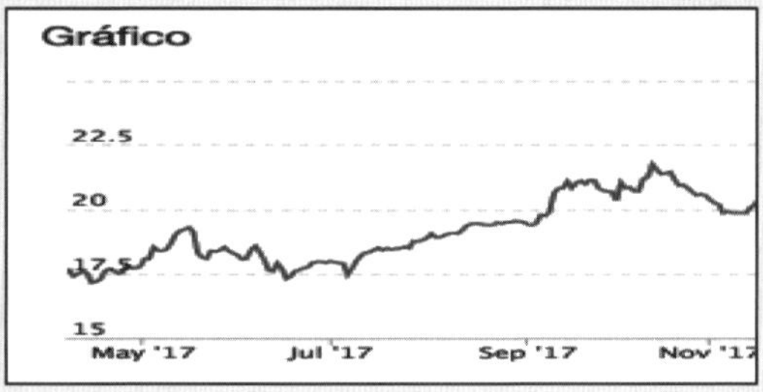

Overview

A retomada da economia brasileira, apesar de tímida, já sinaliza um crescimento sustentável há mais de 20 meses, uma expectativa de crescimento do PIB em 2018 de 3%. A recuperação do emprego, reflexo tardio da reforma trabalhista, e um cenário de melhora na confiança do consumidor geram uma expectativa mais favorável para a St. Gallen nos próximos anos, em especial já em 2018. As vendas na América Latina devem seguir na mesma tendência.

Os volumes devem seguir crescentes nas operações em outros países na América Latina com as incorporações das novas operações, e na América do Norte com a aquisição de novas marcas.

Nos anos anteriores, a St. Gallen fez expressivos investimentos, sobretudo no Brasil, em expansão da capacidade de produção, com foco sempre em redução de custos e estratégias comerciais.

CONSOLIDATED Income Statement *R$ thousands*	4Q16	4Q17	4Q18E	FY16	FY17	FY18E
Net revenue	**11.860**	**13.524**	**16.530**	**41.042**	**43.109**	**52.210**
Cost of goods sold (COGS)	(4.147)	(4.489)	(5.487)	(15.010)	(16.238)	(19.846)
Gross profit	**7.713**	**9.035**	**11.043**	**26.032**	**26.872**	**32.364**
Selling, general and administrative (SG&A)	(3.267)	(3.769)	(4.606)	(12.759)	(13.085)	(13.107)
Other operating income/(expenses)	142	405	495	1.101	1.096	1.339
Normalized EBIT	**4.588**	**5.672**	**6.932**	**14.374**	**14.882**	**20.596**
Exceptional items	1.060	(25)	(30)	1.021	(98)	(120)
Income from operations (EBIT)	**5.648**	**5.647**	**6.902**	**15.395**	**14.784**	**20.476**
Net finance results	(817)	(1.123)	(1.372)	(3.332)	(3.145)	(3.843)
Share of results of joint ventures	(3)	(4)	(5)	(4)	(3)	(3)
Profit before income tax	**4.828**	**4.520**	**5.524**	**12.059**	**11.637**	**16.629**
Income tax expense	(477)	(1.550)	(1.895)	(283)	(4.571)	(5.587)
Profit	**4.350**	**2.969**	**3.629**	**11.775**	**7.065**	**11.042**
Attributable to Equity holders	4.205	2.807	3.431	11.292	6.599	8.065
Non-controlling interest	145	162	198	483	467	570
Normalized EBITDA	**5.413**	**6.567**	**8.026**	**17.535**	**18.133**	**21.155**
Gross Margin				**63,4%**	**62,3%**	**62,0%**
Ebitda Margin				**42,7%**	**42,1%**	**40,5%**
Net Margin				**28,7%**	**16,4%**	**21,1%**
ROE				**25,2%**	**14,3%**	**17,0%**
EVA				**7.741**	**2.925**	**6.777**

Assim, deverá seguir com as ações de racionalização das despesas operacionais, bem como diversificação do mix, tanto em produtos como em embalagens, incluindo a ampliação de garrafas retornáveis, mais econômicas. Entre as cervejas, seguirá reforçando as linhas premium, que vêm crescendo mesmo em um ambiente de crise. Também não estão descartadas novas parcerias e aquisições.

Sua excelente situação financeira, com geração positiva de caixa e baixo endividamento, sustenta uma remuneração aos acionistas acima do mínimo de 35% previsto no estatuto. Com isso, mantemos nossa posição nas ações da companhia com viés positivo.

Principais riscos que vislumbramos ao desempenho da St. Gallen são as eleições em 2018, que podem gerar incertezas a depender do novo presidente eleito, a deterioração da situação econômica no Brasil, retomada da inflação; não elevação no nível de emprego e, consequentemente, da renda das famílias; elevação de preços de insumos; aumentos de impostos sobre bebidas; ajustes de posições de hedges de moeda e de commodity; entre outros.

Pontos Positivos

- Forte liderança no mercado nacional de cervejas e refrigerantes;
- Elevada geração de caixa;
- Crescente presença na América Latina, elevando sua competitividade no continente;
- Investimentos constantes em inovações em produtos e embalagens.

Pontos Negativos

- Concorrência acirrada no setor (especialmente em marcas premium), exigindo elevados gastos com marketing;
- Aumento de preços de commodities como açúcar e alumínio, bem como elevação da carga tributária, podem pressionar as margens da companhia;
- Desaceleração da atividade econômica do país com inflação crescente e comprometimento da renda do consumidor, além de clima desfavorável, podem afetar as vendas da companhia.

Perspectivas 2018

2017 foi um ano que a St. Gallen alcançou um ponto de inflexão, retomando o crescimento. Seu desempenho no segundo semestre do ano indica o caminho certo para continuar entregando sólidos resultados.

Para 2018, é esperado um primeiro trimestre desafiador em termos de volumes, espera-se que o setor seja fortemente impactado por um carnaval mais cedo e um clima desfavorável.

No entanto, temos uma perspectiva positiva para o resto do ano. Embora o ambiente de consumo ainda permaneça volátil, a baixa inflação, a redução contínua da taxa de desemprego, bem como o aumento gradual da renda disponível, devem ajudar a indústria ao longo do ano. Ademais, estamos confiantes no portfólio poderoso da St. Gallen e um plano robusto para acelerar ainda mais o crescimento de EBITDA versus 2017.

Acreditamos que o Brasil continua a ser um mercado único, com oportunidades de crescimento e rentabilidade. Nesse contexto, a companhia mantém o foco em alavancar o portfólio através de inovações e finalização da ativação do programa 360° de vendas e marketing, acelerar os volumes do segmento premium, aprimorar as rotas de mercado, dentre outras iniciativas, que deverão permanecer como prioridades para a St. Gallen.

Com relação à estratégia comercial, continuarão com os projetos de conectar os consumidores, através de plataformas relevantes e marcas fortes, para impulsionar um crescimento sustentável de receita líquida e EBITDA.

Em custos, a companhia permanecerá pela busca de eficiências de custos. Além disso, se por um lado o CPV será impactado pelos preços mais elevados das commodities, especialmente o alumínio, por outro, será beneficiado por uma taxa de câmbio favorável. A taxa média de hedge de moeda para 2018 é de 3,19 BRL/USD, comparada a 3,59 BRL/USD em 2017.

O trabalho de avaliação foi conduzido a partir das estimativas de desempenho de cada uma das principais operações do segmento de bebidas que contempla todas as controladas e as operações incorporadas em outros países. **Mantemos as ações da St. Gallen em nosso portfólio, acreditando que o desempenho ao longo dos próximos anos será positivo com a esperada recuperação da economia brasileira.**

Na primeira página, estão os dados de valor da empresa, cotação atual (em 14/11/2017) da ação da St. Gallen, seu potencial de crescimento para dezembro de 2018, número de ações, valor de mercado etc. O gráfico de cotação da ação na bolsa é exposto ao lado.

Mais abaixo, os resultados históricos da empresa e os projetados pelo analista, informações da Demonstração de Resultados que estudamos no Capítulo 5.

Na mesma página, o analista faz um overview com uma análise do cenário econômico do Brasil, os principais pontos a se observar como oportunidades econômicas que se refletirão no mercado. Uma visão geral dos negócios da St. Gallen com o que se observou nas competências da empresa na gestão das principais linhas das demonstrações financeiras.

Com base nessas informações, expostas resumidamente pelo analista, que foram feitas a avaliação da empresa, suas projeções de lucros e, consequentemente, o valor projetado da ação para dezembro de 2018.

Na segunda página, são relacionados os pontos fortes e fracos da St. Gallen e as perspectivas para 2018 com algumas premissas de crescimento consideradas na avaliação: cenário econômico, portfólio da empresa, programa de vendas e marketing, logística, eficiência de custos, estratégia de hedge em câmbio e commodities etc.

As metodologias utilizadas foram o DCF (Discounted Cash Flow), Fluxo de Caixa Descontado, que aprendemos no Capítulo 7, considerando um WACC – Custo Médio Ponderado de Capital de 9% –, e uma taxa de perpetuidade de 3,5%, ambos aprendidos no Capítulo 4. Pondera a avaliação com outras metodologias, o ROE (Return On Equity), o Retorno sobre o Patrimônio (RSPL), que aprendemos no Capítulo 6, e o EVA (Economic Value Added – Valor Econômico Adicionado), que nada mais é do que o lucro líquido excedente ao custo de capital, obtido pela fórmula:

EVA = Lucro Operacional Líquido – (Capital Total x WACC)

É chamado de Valor Econômico Adicionado, justamente porque é o lucro excedente ao seu custo de capital, ou o retorno financeiro em taxas superiores às do custo de todo o capital empregado para geração do resultado. Por exemplo, uma empresa que tenha um custo de capital de 10% e R$100 mil de capital total deverá gerar mais de R$10 mil de lucro operacional líquido para adicionar valor econômico.

Com esses parâmetros, o analista chegou ao preço justo da ação para dezembro de 2018 em R$24,17. Acertar o valor exato não é a intenção da avaliação, esta visa apenas avaliar para onde caminham os resultados da empresa e projetar seu valor aproximado. Condições adversas de mercado deterioram as perspectivas de curto prazo e afetam acentuadamente as cotações do mercado e o valor das ações, desconsiderando o real valor das empresas.

Na primeira página do relatório, estão também as demonstrações financeiras históricas e projetadas utilizadas na avaliação.

Podemos constatar nesse exemplo real os conhecimentos adquiridos neste livro. Para investir em ações de forma segura e rentável, é necessário termos a postura e a disciplina de comprar ações com a visão de se tornar sócio de um negócio. Para isso, o princípio básico é saber o valor do que está se comprando, como investidor e sócio você só deve comprar algo que tenha uma grande probabilidade de lhe dar o retorno esperado.

Foram analisadas as condições econômicas do mercado para constatar os impactos, positivos e negativos, nas operações da empresa e em seu setor. A dimensão do comportamento setorial, bem como as competências empresariais da St. Gallen e seu posicionamento de mercado, serviram como uma base concreta para projetar as receitas e despesas da empresa e, consequentemente, seu lucro, para, assim, encontrar o valor da empresa. Na data desse relatório, o investidor, interpretando e confiando nessas projeções, poderia comprar as ações da St. Gallen esperando o retorno de 21,82% no período. Esse é um investimento consciente, saber o valor do que está comprando e o retorno esperado.

Convido você, leitor, a avaliar os relatórios disponíveis nos sites das corretoras e bancos de investimentos. Leia, tire dúvidas, ligue para o departamento de RI — Relações com Investidores — das empresas, elas terão o maior interesse em lhe passar as informações. Se puder, vá pessoalmente, comece hoje mesmo a testar e consolidar os conhecimentos adquiridos neste livro e amplie seus conhecimentos lendo a bibliografia recomendada.

Conclusão

O processo de tomada de decisão de investimentos se inicia no momento em que dispomos de recursos excedentes aos nossos gastos, o que chamamos de poupança. Passamos pela avaliação do cenário econômico global e nacional, seguida da decisão entre a renda fixa ou variável. Os objetivos de prazo são imprescindíveis: curto prazo para renda fixa e longo prazo para ações.

Porque investir em ações? Segundo Lírio Parisotto, *"investir em uma empresa sem precisar criá-la é um privilégio"*, sua recomendação, porém, e um de seus dez mandamentos, é: *"procure coisa boa e barata, boa tem bastante, barato idem. As duas juntas são difíceis"*.

No processo de avaliação de ações, existem várias técnicas de análises, dentre elas, a fundamentalista. Os riscos do mercado de ações, se pudéssemos resumir, seriam dois: o prazo e a empresa. O prazo é o risco de mercado, ou sistemático, enquanto o risco da empresa é o risco específico, ou não sistemático. Quanto menor o prazo, mais expostos estamos à volatilidade dos preços do mercado. Consequentemente, quanto maior o prazo, menor a exposição à volatilidade e ao risco. Já o risco da empresa reside nas características de seu mercado, sua estrutura de capital empresarial, de negócios, da gestão, e de sua operação, indicadores avaliados pela análise fundamentalista.

Os capítulos que compõem este livro nos mostraram de forma direta e didática o processo de avaliação. Um bom investimento se encontra por meio de um criterioso processo de análise. Reside em descobrir o quão lucrativo será um negócio. Investir em ações é ser proprietário de uma empresa. Assim como você avaliaria ser sócio na padaria de seu cunhado, você deve avaliar uma empresa, suas demonstrações financeiras e aspectos do negócio, que são fontes imprescindíveis de informações para a decisão.

Esqueça o esoterismo em investimentos: não consulte tarólogas, videntes ou adivinhos para saber qual ação vai subir ou qual cairá. Não acredite em caminhos fáceis, pois não existe um método tão simples pelo qual todos ganham com facilidade e sem conhecimento. O investidor deve ter postura, atitude e disciplina, comprar ações é se tornar proprietário de um negócio, não de um pedaço de papel.

Daniel Kahneman[4], o precursor das finanças comportamentais, área que estuda o comportamento irracional frente ao risco, descobriu em pesquisas com outros psicólogos que nós humanos procuramos sempre por padrões. Até mesmo quando confrontados com séries aleatórias e imprevisíveis, insistimos em encontrar um padrão para adivinhar o próximo número. Uma das técnicas de análise acredita que, por meio de estudos dos padrões de mercado, é possível saber para qual direção irão às cotações. Essa crença faz com que milhares de pessoas acreditem ser possível ganhar muito dinheiro no curto prazo, já que é possível adivinhar a próxima cotação de uma determinada ação.

Nassim Nicholas Taleb[5], autor de várias obras, dentre elas *Iludido pelo Acaso*[6], *A Lógica do Cisne Negro*[7], *Antifrágil*[8] e seu último *Skin In The Game*[9] — em minha opinião um verdadeiro tratado sobre o risco — critica algumas teorias acadêmicas, principalmente as ligadas à famosa curva de sino das distribuições normais em estatística. Segundo Taleb, as pequenas probabilidades são as que realmente fazem a diferença no mundo real e estas se situam na cauda da distribuição normal, desprezadas pela teoria. São os eventos aleatórios, pouco prováveis, que geram grandes prejuízos e grandes lucros. A obra de Taleb chama atenção para riscos enormes, principalmente para os que operam no curto prazo, olhando para padrões no mercado de ações e para aqueles que utilizam a aclamada "Moderna Teoria de Carteiras". A ideia de usar uma teoria sem considerar o impacto dos possíveis erros desta teoria é o que ele chama de fragilidade, do contrário, saber utilizar os impactos dos eventos aleatórios a seu favor é o que ele chama de antifragilidade. No Capítulo 3, chamei a atenção sobre a teoria do *beta* exatamente por ser baseada na distribuição normal, por isso que devemos ajustar pela teoria do *Bottom-Up* Beta do Apêndice I.

---

4 Daniel Kahneman - Prêmio Nobel de economia em 2002, não é economista, é doutor em psicologia pela Universidade da Califórnia, Berkeley.

5 Nassim Nicholas Taleb trabalhou como operador no pregão de Chicago, e em sua própria firma em Wall Street, como operador de derivativos. Tem mestrado pela Wharton School e doutorado pela Universidade de Paris, é decano de Ciências da Incerteza na Universidade de Massachusetts, atualmente ministra a cadeira de Engenharia de Risco no Instituto Politécnico da New York University.

6 Taleb, Nassim: Iludido pelo Acaso. Rio de Janeiro: Record, 2003.

7 Taleb, Nassim: A lógica do Cisne Negro: O Impacto do Altamente Improvável. Rio de Janeiro: Best Seller, 2008.

8 Taleb, Nassim: Antifrágil. Rio de Janeiro: BestSeller, 2013.

9 Skin in the Game: Hidden Asymmetries in Daily Life / Taleb, Nassim Nicholas. First Edition. New York: Random House, 2018.

A moderna teoria de carteiras é também contundentemente criticada por Bernoit Mandelbrot[10] em sua obra "Mercados Financeiros Fora de Controle[11]", pois parte de pressupostos errados como: as pessoas são racionais, todos os investidores são iguais, a mudança de preços é contínua e seguem um movimento browniano[12].

Ainda segundo Taleb e o efeito iludido pelo acaso, as informações têm uma propriedade desagradável: mascaram os fracassos. Muitas pessoas têm sido atraídas para os mercados financeiros depois de ouvirem histórias de sucesso de alguém que ficou rico com o mercado de ações e construiu uma grande mansão do outro lado da rua – mas, considerando-se que os fracassos são ocultados e não ouvimos falar sobre eles, os investidores são levados a superestimar suas chances de sucesso.

Investimento seguro e consistente vem por meio de um criterioso processo de análise dos aspectos econômicos e financeiros de uma empresa, bem como por sua capacidade de gerar retornos superiores à média do mercado. A grande vantagem do mercado de ações é nos dar a oportunidade, em vários momentos, de sermos proprietários de empresas com reconhecido sucesso e lucratividade, e a preços de barganha. Isso só é possível porque o mercado frequentemente erra na sua avaliação. Mas o investidor perspicaz pode tirar vantagem desses erros. São nesses momentos que encontramos *"coisa boa e barata"*.

O mercado avalia as empresas a cada minuto. Esse mercado nada mais é do que inúmeras pessoas operando ao longo do pregão. Você não pode se angustiar diariamente pelos erros dessas pessoas, até porque elas não seguem um padrão racional de decisão, apenas emocional e especulativo. Recomendo a leitura da

---

10 Bernoit Mandelbrot (falecido em 2010) foi professor de ciências matemáticas na Universidade de Yale e Fellow Emeritus do laboratório Thomas J. Watson da IBM. É o inventor da Geometria Fractal. Recebeu o Wolf Prize, em física, e o Japan Prize, em ciência e tecnologia; além de outros prêmios da Academia Nacional de Ciências dos Estados Unidos, do Instituto de Engenheiros Elétricos e Eletrônicos, e de numerosas universidades dos Estados Unidos e de outros países. Autor, dentre outros, do clássico livro: The Fractal Geometry of Nature.

11 Mercados Financeiros Fora de Controle: A teoria dos fractais explicando o comportamento dos mercados / Bernoit Mandelbrot, Richard Hudson – Rio de Janeiro: Elsevier, 2004.

12 O movimento browniano é o movimento aleatório de partículas em um fluido (líquido ou gasoso) como consequência dos choques entre todas as moléculas ou átomos presentes no fluido. O termo movimento browniano pode ser usado para se referir a uma grande diversidade de movimentos com partículas, com moléculas, e com ambos presentes em estados desde micro até macroscópicos em situações de organização caóticas, semi-caóticas, ou de proporções matemáticas, principalmente em casos de modelagem, todos esses na área denominada física de partículas. O modelo matemático do movimento browniano tem inúmeras aplicações do mundo real. Por exemplo, flutuações do mercado de ações são frequentemente citadas, embora Benoît Mandelbrot tenha rejeitado sua aplicabilidade aos movimentos de preços de ações, em parte, porque estes são descontínuos.

parábola de Benjamim Graham sobre o mercado, citado por Warren Buffett[13] (Apêndice 2: O Sr. Mercado).

Ações são investimentos de longo prazo, você não se torna sócio de uma empresa para ter o retorno no curto prazo. Só o investimento de longo prazo gera retornos consistentes. Fora isso, serão apenas apostas, e apostas pressupõem riscos muito maiores. E não é isso que procuramos.

Todo investidor, ao decidir investir em ações, deve estar preparado para ver o seu valor oscilar ao longo do tempo. O que vemos na maioria das pessoas é o desejo, e até a crença, de que, após comprar uma ação, a mesma só irá subir. Desejo ingênuo que atenta contra a lógica.

Segundo Ben Graham[14], *a principal causa do fracasso da maioria dos investidores é prestar atenção demais ao desempenho do mercado acionário.*

Portanto, recomendo que separe mentalmente o que é o mercado de ações e o que são as empresas dos resultados reais. A bolsa é apenas a feira onde são negociadas as ações das empresas, e, como feira, é habitada por agentes que visam ganhar dinheiro tentando antecipar as oscilações nos preços. A economia real é onde estão operando as empresas, e seu valor está relacionado às suas competências empresariais e às suas vantagens competitivas.

Este livro nos ajudou a entender o ambiente de investimentos e como o cenário econômico influencia o mercado. Aprendemos a analisar as demonstrações contábeis, os vários indicadores que revelam a saúde econômica e financeira da empresa e sua capacidade de gerar caixa. Aprendemos a analisar a estrutura de capital e os conceitos de risco e retorno nos fizeram entender como calcular o risco das empresas, seu custo de capital próprio, de terceiros e ponderado pela média. Aprendemos que o valor de uma empresa é a sua capacidade de gerar caixa, projetando esses fluxos de caixa futuros e trazendo-os a valor presente, ajustados pelo risco, encontramos o seu valor.

Um conceito importante de planejamento estratégico nos mostrou como é possível as empresas criarem e gerenciarem uma vantagem competitiva de

---

13 Os Ensaios de Warren Buffett: Lições para Investidores e Administradores. São Paulo: R.T.S. Rebouças, 2005.

14 Graham, Benjamim, 1894-1976 *O Investidor Inteligente* – Rio de Janeiro: Nova Fronteira, 2007.

longo prazo, é isso que garante rentabilidade superior e confiabilidade nas projeções de caixa das empresas.

O processo de análise demanda tempo e muitas fontes de informações. Dificilmente teremos a mesma capacidade que têm os bancos e as corretoras com suas equipes de analistas e economistas, com acesso a muito mais informações, com mais facilidades do que os investidores individuais. Mas o conhecimento adquirido nos dá o discernimento para avaliar os serviços desses bancos e corretoras, ler seus relatórios e tomar as melhores decisões.

As demonstrações financeiras das empresas, Balanço Patrimonial (BP), Demonstração de Resultado do Exercício (DRE), Demonstração do Fluxo de Caixa (DFC), são encontradas nos *sites* das próprias empresas na área de relações com investidores, e nos *sites* da Bovespa e CVM[15]. Outras informações necessárias para os cálculos apresentados neste livro podem ser encontradas em empresas especializadas em informações financeiras como: Valor Data, *Cartezyan, AE Broadcast, Bloomberg* e Economática.

Se você se sente seguro para tomar suas decisões de investimentos através da análise fundamentalista, parabéns! Lírio Parisotto, nosso bilionário investidor brasileiro, e Warren Buffett, o homem mais rico do mundo, são fundamentalistas.

Desejo a você uma excelente rentabilidade em seus investimentos.

Mãos à obra!

15 CVM – Comissão de Valores Mobiliários.

APÊNDICE 1

* * *

BOTTOM-UP BETA

Ajustando o Beta para a Realidade

$$R_i = R_f + \beta(R_m - R_f)$$

Beta

A ideia do *Bottom-Up* Beta consiste em recalcular o beta individual de cada ação a partir de uma base estatística mais consistente.

Exemplo: o beta normal de Lojas Renner e Lojas Americanas[1] versus o Ibovespa é, respectivamente, 1,4 e 1,2. Em termos qualitativos, os três indicadores básicos de magnitude do beta — ciclicalidade, diferenciação e alavancagem operacional — são semelhantes nas duas companhias. Portanto, a estrutura de capital de cada empresa deveria explicar betas tão discrepantes, porém, a relação dívida/equity (em valores de mercado) das Lojas Renner é de 13%, enquanto a da Lojas Americanas é de 46%. Portanto, qual a lógica, em termos econômicos, de o beta das Lojas Renner ser ainda superior ao beta das Lojas Americanas? Essa diferença parece ser uma distorção estatística, que deve ser corrigida através da metodologia do *Bottom-Up* Beta.

1 Dados de 2007/2008.

A Teoria do *Bottom-up* Beta

Princípio da lógica de que empresas dentro do mesmo setor (reunindo as três características citadas) tendem a apresentar seus betas diferenciados basicamente pela alavancagem financeira.

O beta de uma empresa será função de seu beta desalavancado (igual para todos os pares) ponderado pelo seu grau de alavancagem individual (que recebe o benefício fiscal).

$$\beta = \beta d \times (1+((D/E) \times (1-t)))$$

Cálculo do *Bottom-up* Beta

Exemplo: quatro empresas abertas em bolsa do segmento de mineração do mesmo país apresentam os seguintes betas (relativos a um indicador bursátil local) e relações D/E (Dívida/Equity) (em valores de mercado):

EMPRESAS/DADOS	BETAS ESTATÍSTICOS	VALOR DE MERCADO (R$ MILHÕES)	D/E VALORES DE MERCADO
Empresa A	0,9	1.000	0,5
Empresa B	0,7	800	0,4
Empresa C	1,8	1.400	1,1
Empresa D	0,2	300	0,2
Indústria		3.500	

O cálculo do *Bottom-Up* Beta segue os seguintes passos:

1. Calcular o **β** médio setorial das empresas do segmento de mineração = betas individuais ponderados pelos respectivos valores de mercado, garantindo a representatividade das maiores companhias.

   Observe que o denominador utilizado na fórmula corresponde à soma de valor de mercado das quatro empresas. Usando o conceito de média ponderada:

$$\beta \text{ indústria} = \frac{((0{,}9 \times 1.000) + (0{,}7 \times 800) + (1{,}8 \times 1.400) + (0{,}2 \times 300))}{3.500}$$

$$\beta \text{ indústria} = 1.15$$

2. Calcular o D/E médio da indústria e achar o **β** desalavancado da mesma, de acordo com a fórmula proposta. A ponderação pelo valor de mercado será naturalmente respeitada. É como se somássemos todas as dívidas do setor e dividíssemos pelo valor de mercado total:

$$\text{D/E indústria} = \frac{((0{,}5 \times 1.000) + (0{,}4 \times 800) + (1{,}1 \times 1.400) + (0{,}2 \times 300))}{3.500}$$

$$\text{D/E indústria} = 0{,}69$$

Achando o **β** desalavancado da indústria (indústria):

β indústria = 1,15
D/E indústria = 0,69
t (alíquota tributária informada) = 30%
β*d* indústria = ???

$$\boxed{\beta = \beta_d \times (1 + ((D/E) \times (1 - t)))}$$

$$1{,}15 = \beta_d \text{ indústria} \times (1 + (0{,}69 \times (1 - 0{,}30)))$$

$$\beta_d \text{ indústria} = {,}078$$

Portanto, se não existe alavancagem financeira na indústria, os betas de todas as empresas deveriam convergir para 0,78 (seguindo todas as contas com precisão), respeitando as características de risco comuns entre elas. A alavancagem, medida por D/E em valores de mercado, eleva o **β** da indústria para 1,15 (número bastante influenciado pela condição da empresa C, de maior valor de mercado e endividamento relativo mais elevado).

Após chegar ao **β** desalavancado da indústria, realavancá-lo para cada empresa de acordo com sua respectiva D/E.

Empresa A

$$\beta = ,078 \times (1 + (0,5 \times (1 - 0,30)))$$

β = 1,05; valor superior ao beta estatístico de 0,9. O cálculo do beta estatístico parece ter sofrido distorções baixistas, não respeitando com fidelidade as características da indústria, com diferenciação de risco ocorrendo via alavancagem.

Empresa B

$$\beta = ,078 \times (1 + (0,4 \times (1 - 0,30)))$$

β = 1,0; valor também superior ao beta estatístico de 0,7. As conclusões em relação à Empresa B são similares relativamente ao estudado na Empresa A.

Empresa C

$$\beta = ,078 \times (1 + (1,1 \times (1 - 0,30)))$$

β = 1,38; valor inferior ao beta estatístico de 1,8. Apesar de a empresa apresentar o maior grau de alavancagem da indústria, o beta estatístico não era compatível (exageradamente alto), certamente fruto de alguma distorção no processo de regressão estatística.

Empresa D

$$\beta = ,078 \times (1 + (0,2 \times (1 - 0,30)))$$

β = 0,89; valor muito superior ao beta estatístico de 0,2. Apesar de a empresa apresentar o menor grau de alavancagem da indústria, o beta estatístico não era compatível (exageradamente baixo), certamente fruto de alguma distorção no processo de regressão estatística.

Ao fim do processo, os chamados *Bottom-Up* Betas, quando comparados aos betas estatísticos, são bem mais representativos do risco setorial e das respectivas empresas. As empresas com mesmo perfil de risco devem se diferenciar somente pela alavancagem.

EMPRESAS/ DADOS	BETAS ESTATÍSTICOS	VALOR DE MERCADO (R$ MILHÕES)	D/E VALORES DE MERCADO	*BOTTOM-UP* BETAS
Empresa A	0,9	1.000	0,5	1,05
Empresa B	0,7	800	0,4	1,00
Empresa C	1,8	1.400	1,1	1,38
Empresa D	0,2	300	0,2	0,89
Indústria		3.500		

APÊNDICE 2

* * *

O SR. MERCADO[1]

1 Os Ensaios de Warren Buffett: *Lições para Investidores e Administradores*. São Paulo: R.T.S. Rebouças, 2005.

Ben Graham, meu amigo e professor, há muito tempo descreveu uma atitude mental em relação a oscilações de mercado que acredito ser a que melhor conduz ao sucesso em investimentos. Ele disse que você deve imaginar cotações de mercado como vindas de um sujeito excepcionalmente complacente chamado Sr. Mercado, que é seu sócio em uma empresa de capital fechado. O Sr. Mercado aparece sem falta, diariamente, e escolhe um preço pelo qual ele irá comprar a sua participação ou lhe vender a dele.

Mesmo que a empresa que vocês dois possuem tenha aspectos econômicos estáveis, as cotações do Sr. Mercado serão tudo, menos isso. Porque, é triste dizer, o pobre sujeito tem problemas emocionais incuráveis. Às vezes, ele se sente eufórico e consegue ver somente os fatores favoráveis que afetam o negócio. Quando está nesse humor, ele escolhe um preço muito alto de compra-venda, porque teme que você arrebate a participação dele e embolse assim ganhos iminentes. Outras vezes, fica deprimido e não pode ver nada além de dificuldades pela frente, tanto para o negócio, como para o mundo. Nessas ocasiões, ele escolherá um preço muito baixo, já que está aterrorizado pela possibilidade de você se livrar da sua participação vendendo para ele.

O Sr. Mercado tem outra adorável característica: não se importa ao ser ignorado. Se a cotação dele for desinteressante para você hoje, ele voltará com uma nova amanhã. As operações são estritamente opção sua. Sob essas condições, quanto mais maníaco-depressivo o comportamento dele, melhor para você.

Mas, como a Cinderela no baile, você tem de prestar atenção em uma advertência, ou tudo virará abóboras e ratos: o Sr. Mercado está aí para servi-lo, não para guiá-lo. São os recursos financeiros dele, e não a sabedoria, que você achará proveitosos. Se ele aparecer algum dia com um humor particularmente irracional, você tem toda a liberdade para ignorá-lo ou tirar vantagem dele, mas será desastroso se você se submeter à sua influência. De fato, se você não tem certeza se entende e pode avaliar o negócio muito melhor do que o Sr. Mercado, você não se encaixa no jogo. Como dizem no pôquer, "se você está no jogo há 30 minutos e não sabe quem é o trouxa, você é o trouxa".

A parábola do Ben sobre o Sr. Mercado pode parecer obsoleta no mundo dos investimentos de hoje, no qual a maior parte dos profissionais e acadêmicos fala de mercados eficientes, hedge dinâmicos e betas. O interesse em tais assuntos é compreensível, já que técnicas cobertas por mistério logicamente têm valor para o fornecedor do conselho de investimento. Afinal de contas, que curandeiro alguma vez alcançou fama e fortuna simplesmente aconselhando "tome duas aspirinas"?

O valor de assuntos esotéricos sobre o mercado para o consumidor de conselhos de investimento é outra história. Em minha opinião, sucesso em investimento não será produzido por fórmulas enigmáticas, programas de computador ou sinais reluzentes em resposta ao comportamento de mercados e dos preços das ações. Em vez disso, um investidor obterá êxito pela união de bom juízo empresarial com a capacidade de isolar seus pensamentos e comportamento das emoções supercontagiosas que rondam o mercado. Em meus próprios esforços para permanecer isolado, achei altamente proveitoso levar firmemente em consideração o conceito de Ben sobre o Sr. Mercado.

Seguindo os ensinamentos de Ben, eu e o Charlie deixamos nossas participações acionárias nos contarem por meio de seus resultados operacionais — não por meio de suas cotações de preço diárias, ou mesmo anuais — se nossos investimentos são bem sucedidos. O mercado pode ignorar sucesso empresarial por algum tempo, mas, por fim, ele o confirmará. Como disse o Ben: "A curto prazo, o mercado é um processo de votação, mas, a longo prazo, ele é um processo de pesagem". A velocidade com a qual o sucesso empresarial é reconhecido, ademais, não é tão importante enquanto o valor intrínseco da companhia estiver aumentando a uma taxa satisfatória. Para dizer a verdade, o reconhecimento tardio pode ser uma vantagem: pode nos dar a oportunidade de comprar mais de uma coisa boa a um preço de barganha.

Bibliografia

Anderson, David R. *Estatística Aplicada à Administração e Economia*. São Paulo: Cengage Learning, 2008

Bernstein, Peter L. *Desafio aos Deuses: A Fascinante História do Risco*. Rio de Janeiro: Elsevier, 1997.

Bodie, Zvi; Merton, Robert C. *Finanças*. 1ª ed. Rev. ampl. Porto Alegre: Bookman Editora, 2002.

Cerbasi, Gustavo; Paschoarelli, Rafael. *Finanças para empreendedores e profissionais não financeiros*. São Paulo: Saraiva, 2007.

Copeland, Tom; Koller, Tim; Murrin, Jack. *Avaliação de Empresas – Valuation: Calculando e Gerenciando o Valor das Empresas*. 3ª ed. São Paulo: Pearson Makron Books, 2002.

Damodaran, Aswath. *Avaliação de Investimentos*. Rio de Janeiro: Qualitymark, 1997.

Damodaran, Aswath. *Finanças Corporativas: Teoria e Prática*. Porto Alegre: Bookman, 2004.

Damodaran, Aswath. *Gestão Estratégica do Risco: Uma Referência Para a Tomada de Riscos Empresariais*. Porto Alegre: Bookman, 2009.

Graham, Benjamim. *O Investidor Inteligente*. Rio de Janeiro: Nova Fronteira, 2007.

Graham, Benjamim; Dodd, David L. *Security Analysis*. 6ª ed. Estados Unidos: McGraw-Hill, 2008.

Mandelbrot, Bernoit; Hudson, Richard. Mercados Financeiros Fora de Controle: A *teoria dos fractais explicando o comportamento dos mercados*. Rio de Janeiro: Elsevier, 2004.

Martelanc, Roy; Pasin, Rodrigo; Pereira, Fernando. *Avaliação de Empresas: Um guia para fusões & aquisições e private equity*. São Paulo: Pearson Prenwtice Hall, 2010.

Mankiw, N. Gregory. *Introdução à Economia*. São Paulo: Cengage Learning, 2008.

Porter, Michael E. *Competitive Strategy: Techniques for Analyzing Industries and Competitors*. Nova York: The Free Press, 1980.

Porter, Michael E. *Vantagem Competitiva: Criando e Sustentando um Desempenho Superior*. Rio de Janeiro: Campus, 1990.

Rebouças, Rui Tabakov Sena. *Os Ensaios de Warren Buffett: Lições para Investidores e Administradores*; tradução, adaptação e apresentação de Rui Tabakov Sena Rebouças; seleção, organização e introdução de Lawrence A. Cunningham. São Paulo: R.T.S. Rebouças, 2005.

Ross, Stephen A; Westferfield, Randolph W; Jaffe, Jeffrey F. *Administração Financeira*. São Paulo: Atlas, 2007.

Silva, José Pereira da. *Análise Financeira das Empresas*. 7ª ed. São Paulo: Atlas, 2005.

Taleb, Nassim. *A lógica do Cisne Negro: o impacto do altamente improvável*. Rio de Janeiro: BestSeller, 2008.

Taleb, Nassim. *Iludido pelo Acaso*. Rio de Janeiro: Record, 2003.

Taleb, Nassim. *Antifrágil: Coisas que se beneficiam com o caos.* Rio de Janeiro: BestSeller, 2013.

Taleb, Nassim Nicholas. Skin in the Game: *Hidden Asymmetries in Daily Life*. 1ª ed. Nova York: Random House, 2018.

Índice

Este livro foi impresso nas oficinas gráficas da Editora Vozes Ltda.,
Rua Frei Luís, 100 – Petrópolis, RJ.